旧約聖書に見るあがないの物語

小林 剛

オリエンス宗教研究所

はじめに

「あがない」という日本語の意味を辞書で引くと「つぐない」という説明が多く見られます。聖書＊の中で「あがない」と訳すことができる言葉は、まず旧約聖書に出てきます。その意味は多様ですが、もともとの意味は律法（守るべき掟）と深くかかわります。中でも祭儀規定とのかかわりは重要です。そこでは次のように定められています。すなわち、母の胎を初めて開く雄（初子《ういご》）はすべて、神ヤハウェに献《ささ》げなければなりませんが、ろばと人間の場合は、小羊などを身代わりに献げなければなりませんでした。この「身代わりに献げる」と言うべきところで、「あがなう」と訳すことができる言葉が使われています（出一三・一二、一三、一五、三四・一九、二〇）。身代わりはお金になる場合もありました（民一八・一五－一六）。

新約聖書の中でもっとも重要な話題の一つであるイエスの十字架上の死を、今述べたような意味での「あがない」として捉える見方があります。たとえば福音書では、イエスは「多くの人の身代金として自分の命を献げるために来た」（マルコ一〇・四五）とされています。また諸書簡では、「神はこのキリストを立て、その血によって信じる者のために罪を償う供え物となさいました」（ローマ三・二五）、「雄山羊と若い雄牛の血によらないで、御自身の血によって、ただ一度聖所に入って永遠の贖《あがな》いを成し遂げられたのです」（ヘブライ九・一二）、「最初の契約の下で犯された罪の贖いとして、キリストが死んでくださった」（ヘブライ九・一五）と語られています。

本書では、イエスの十字架上の死を、より豊かなイメージで捉えるために、旧約聖書のうち創世記から列王記まで（ただしレビ記とルツ記を除く）から、いくつかの物語を「あがないの物語」として取り出してみたいと思います。これらの物語では、必ずしも「あがない」と訳せる言葉が使われているわけではありません。また、厳密な意味での「あがない」にかかわる話でもありません。そうではなく、これらの物語の中に「あがないの物語」と呼べるようなある種の構造を読み取ろうというのです。すなわち、罪を犯した誰かが罰として負うべき死を、他の誰かが死ぬことによって、当の人が死を免れるというような構造を持った物語として取り出そうとする試みです。旧約聖書の中にちりばめられた「あがないの物語」を読み解くことによって、わたしたちは、新約聖書を読むだけよりも、はるかに豊かにイエスの十字架上の死を「あがない」の死として理解できるようになるでしょう。もちろん、本書のような物語理解を、イエスの時代やそれ以前のイスラエル人たちがしていたかどうかは断言できません。しかし、この試みは、旧約聖書が理解される可能性を広げることができるように思われます。

本書のもう一つの目的は、旧約聖書の内容をやさしく紹介することにあります。それに関連して、これから本書をお読みいただくにあたり、一つお願いしたいことがあります。本書は、わたしが首都圏のいくつかの大学でキリスト教の授業を担当する中で話した内容が基になっています。その折、ある大学の女子学生が「先生の言う神はＤＶ（ドメスティックバイオレンス）彼氏みたいだ」と言ったことがありました。わたしはこの言葉に多少驚きましたが、大変鋭い指摘だと思いました。そして後々この言葉から多くの示唆を受けました。この学生が言いたかったことをわたしなりにまとめると次のようになります。すなわち、ＤＶ彼氏は（ＤＶ夫もそうでしょう）彼女（妻）に暴力を振るいます。そんな彼氏（夫）とは早く別れた方がいいと誰もが思うけれども、その彼女（妻）は「わたしが悪いのだ」とか、「こんな彼氏（夫）にもいいところがある」などと言って、なかなか別れないケースがあるそうです。それと同じように神ヤハウェも、旧約聖書の中で、主にイスラエル人たちに対して、自然現象や、他民族・他国の軍隊を用いて激しい罰を与えます。しかし、聖書の立場はそれを、神ヤハウェによる暴力とは考えず、自分たちが神ヤハウェに対して犯した罪に対する正当な罰だと考えます。そしてその同じ神が、いつか必ず罰するのをやめて、救ってくれると信じ続けます。

わたしも、もしDV彼氏（夫）を持つ女性から相談を受けたら、状況にもよりますが、基本的には、別れた方が良いとアドバイスすると思います。では、旧約聖書中のイスラエル人たちは、神ヤハウェと「別れた」方が良かったのでしょうか。わたしはそうは思いません。では、DV彼氏（夫）と神ヤハウェとの間には、どのようなちがいがあるのでしょうか。わたしは次のように考えます。すなわち、DV彼氏（夫）からは逃げることができます。もちろん、彼女（妻）の方に本当に何か悪いところがあって、その態度を改めることによって暴力がすぐにでもおさまるのなら、別れないという選択肢を取ることもあり得るでしょう。しかしそうでないなら、この彼女（妻）は、別れるという選択肢を取ることができます。相手に対する未練とか、人間関係のしがらみとか、いろいろな障害があるかもしれませんが、絶対に別れられないということはないでしょう（多くの人の助けがあればの話ですが）。どうしても別れられないと、もしこの女性が考えるなら、それは、この女性がそういう考えに縛られているからだと思います。これに対して、聖書によれば、イスラエル人は（というよりも人類全体は）、神ヤハウェと「別れる」ことはできません。神ヤハウェから逃れることはできません。なぜなら、神ヤハウェは、天地万物を創造した（あるいは創造し続ける）唯一の神だからです。

では、そもそもなぜイスラエル人たちは、そのような神がいて、かつそのような神しかいないと信じなければならなかったのでしょうか。イスラエル人たちもまた、この考えに縛られていたに過ぎないのでしょうか。わたしはそうは思いません。その理由は以下の通りです。すなわち、現代聖書学者たちの有力な立場によれば、このような唯一創造神信仰は、イスラエル人たちの長い歴史の中で徐々に形成されました。そしてそれが歴史上最初にはっきりと登場するのは、第二イザヤの預言（イザ四〇－五五章）においてです。今日《こんにち》第二イザヤと呼ばれている預言者が生きた時代は、イスラエル人たちが祖国を失い、新バビロニアの首都バビロンに強制連行された（バビロン捕囚）後、そのバビロニアを滅ぼしたペルシアの王キュロスの命令により、今はペルシア領土の一部となったエルサレムに帰還する頃と考えられています。この頃のイスラエル人たち（の生き残りであるユダの人たち）は、なぜまだ神ヤハウェを信じていたのでしょうか。イスラエル人たちは古くから、それがいかに神ヤハウェの目から見れば不十分であったとしても、神ヤハウェを信じていました。それなのにイスラエル人たちの国は、他の神々を信じる他の国々によって滅ぼされてしまいました。その後、生き残ったユダの人たちが神ヤハウェを見限り、他の神々を信じても、全くおかしくなかったように思われます。なぜ彼らの中に、そうしない人々がいたのでしょうか。

当時のユダの人たちは、祖国を失い、大国に支配され、場合によっては搾取され、抑圧されるという苦しい状況に置かれていました。ここからは推測になりますが、このような状況を、他の神を信じることによって、あるいは神以外の何かを信じることによって、外から変えるという希望を持つことが、当時のユダのある人たちには、全くできなかったのではないでしょうか（そしてそれはただ単に彼らの思い込みではなく、本当にそのような状態だったと思われます）。だから、この苦しい状況そのものをもたらした神ヤハウェは、実は、他の神々よりも弱い神なのではなく（そもそも神々の対立などなく）、天地万物の唯一の創造神であり、それゆえに他の国々をも動かして、この苦しい状況をあえて自分たちにもたらしたが、まさにそのことを通して自分たちを、この苦しい状況から必ず救い出してくれると信じる他、彼らに選択肢はなかったのではないでしょうか。もしそうであるとするならば、イスラエル人の末裔《まつえい》たるユダの人たちが唯一創造神を信じたのは、苦しい現状を変える希望を持つことが全くできない絶望的な状況に置かれていたことが、その一因だったということになります。そしてわたしは、それは当時のユダのある人たちにとって必要なことだったと考えます。なぜなら、人間は、このような極めて絶望的な状況においても、何かしらの希望がなければ、生きぬくことは非常に困難だと思われるからです。それは支配、搾取、抑圧自体を良しとするという意味では全くありません。

ですから、本書を読んでくださる方々に、わたしが自分の経験と考えから、ぜひともお願いしたいのは、支配、搾取、抑圧といった苦しい現状を外から変えるという希望を全く持てない絶望的な状態にある人々（現代にもたくさんいます）の身になって、本書を読んでいただきたいということです。そうでなければ、本書で語られる神は、単なるＤＶ彼氏（夫）にしか見えないかもしれません。そんな神を信じる人たちの気が知れない、で終わってしまう可能性があります。それでは、極めて長い間多くの人たちに読み継がれてきた旧約聖書から、何も学べなくなってしまいます。本書が現代日本の多くの方々にとって、旧約聖書という名作を直接手に取るきっかけとなれば幸いです。

＊聖書には旧約聖書と新約聖書があります。「旧約」とは「古い約束」、「新約」とは「新しい契約」という意味です。旧約聖書にはユダヤ教の聖書である律法の書や歴史書、預言書などが含まれています。新約聖書はイエス・キリストに関する文書群で、マタイ福音書、マルコ福音書、ルカ福音書、ヨハネ福音書という４つの福音書のほかに、イエス・キリストの弟子であるパウロなどによって書かれた諸書簡などが含まれています。

凡　例

（一）引用される聖書箇所は、特に断りのないかぎり『聖書　新共同訳』（日本聖書協会）を用いる（ただし振り仮名は省く）。
（二）『聖書　新共同訳』では改行しているところを、省略したり、句読点に代えたりする場合がある。また表記に関しては本文にあわせる場合がある。なお、〔　〕で訳註を挿入する場合がある。
（三）聖書箇所引用の後、（　）内で引用箇所の章節番号を示す。その際、その箇所を含む文書について、それと分かる略号を用いる場合がある（「聖書書名略号」参照）。
（四）旧約聖書の近代語訳では通常「主」という意味で訳されている神の固有名（神聖四文字）について、本書では、現代聖書学の有力な読み方の一つに従い「ヤハウェ」と読むことにする。また、この神のことを一貫して「神ヤハウェ」と呼ぶことにする。
（五）『聖書　新共同訳』で「主」と訳されている箇所で、神ヤハウェを意味しているところには、「ヤハウェ」という振り仮名をふる。

聖書書名略号（※本文中で言及のあるもののみ抜粋）

（旧約）
創世記＝創、出エジプト記＝出、レビ記＝レビ、民数記＝民、申命記＝申、ヨシュア記＝ヨシュア、士師記

＝士、サムエル記上＝サム上、サムエル記下＝サム下、列王記上＝王上、列王記下＝王下、歴代誌上＝代上、歴代誌下＝代下、イザヤ書＝イザ、ホセア書＝ホセ、詩篇＝詩、箴言＝箴

（新約）

マルコによる福音書＝マルコ、ローマの信徒への手紙＝ローマ、ガラテヤ人への手紙＝ガラテヤ、ヘブライ人への手紙＝ヘブライ

目　次

目　次

旧約聖書に見る あがないの物語

ミケランジェロ「アダムとエバの原罪とエデンの園からの追放」(1508年-1512年) バチカン、システィーナ礼拝堂

一

創世記

創造と罪

聖書の冒頭、すなわち創世記冒頭によれば、神ヤハウェは、たったひとりですべてのものを思い通りに創造します。世界のさまざまな神話とは異なり、ここには神ヤハウェの家族である神々も、その関係図である系図も登場しません。王家など特定の人間との血縁関係も語られません。神ヤハウェは、たったひとりで六日間かけて世界のさまざまなものを順々に創造していきます。そして最後に人間を創造します。このことで示されているのは、神ヤハウェが、ありとあらゆるものを創造するということであるように思われます。

では、神ヤハウェは、どのような仕方で世界を創造するのでしょうか。

神は言われた。「光あれ」。こうして、光があった。神は光を見て、良しとされた。

（創一・三―四）

このように、神ヤハウェは、言葉を発して世界を創造します。もちろんここで語られる「言葉」とは、私たちがよく知っている、空気の波として伝わる音声とは異なるものでしょう。空気やのどもまた、この言葉によって創造されなければならないからです。神ヤハウェはこのような彼の言葉通りに、つまり彼の思い通りに世界を創造します。すべて思い通りなのですから、当然世界は彼にとって良いものとなります。

神はお造りになったすべてのものを御覧になった。見よ、それは極めて良かった。（創一・三一）

ところが、これとは極めて対照的に、この後聖書で語られる物語はほぼすべて、人間の罪にかかわります。起きることの多くは神の思いからそれることばかりです。なぜ神ヤハウェは自分の思い通りに世界を創造するのに、世界を自分の思いからそれたままの状態にしておくのでしょうか。旧約聖書には次のような驚くべき言葉があります。

主《ヤハウェ》は御旨にそってすべての事をされる。逆らう者をも災いの日のために造られる。（箴言一六・四）

ここで神ヤハウェは、自分に逆らう者を、災いの日に滅ぼすために創造するとされています。滅ぼすために創造するとはいったいどういうことでしょうか。なぜ神ヤハウェはこのように、一見無駄に見えるようなことをするのでしょうか。どうして神ヤハウェは、わざわざ人間を、罪があり滅ぼされる者として創造するのでしょうか。この問題に心をとめながら話を進めていきたいと思います。

人類の連帯性

最初に創造された人間であるアダムとエバは、そのすみかとしてエデンの園を与えられました。二人は、食べてはいけないとされていた善悪の知識の木から、その実を取って食べてしまいました。神ヤハウェは、二人を次のように罰しました。

神は女に向かって言われた。「お前のはらみの苦しみを大きなものにする。お前は、苦しんで子を産む。お前は

ヒエロニムス・ボス「エデンの園」
マドリード、プラド美術館

男を求め、彼はお前を支配する」。神はアダムに向かって言われた。「お前は女の声に従い、取って食べるなと命じた木から食べた。お前のゆえに、土は呪われるものとなった。お前は、生涯食べ物を得ようと苦しむ。お前に対して、土は茨とあざみを生えいでさせる。野の草を食べようとするお前に。お前は顔に汗を流してパンを得る。土に返るときまで。お前がそこから取られた土に。塵《ちり》にすぎないお前は塵に返る」

（創三・一六－一九）

主《ヤハウェ》なる神は言われた。「人は我々の一人のように、善悪を知る者となった。今は、手を伸ばして命の木からも取って食べ、永遠に生きる者となるおそれがある」。主《ヤハウェ》なる神は、彼をエデンの園から追い出し、彼に、自分がそこから取られた土を耕させることにされた。

（創三・二二－二三）

神ヤハウェは、人類が最初に犯した罪に対して、女エバには産みの苦しみと男による支配を、男アダムには労働の苦しみを罰として与えました。そして死を、ここではアダムだけに与えているように見えますが、当然エバにも与えられたと考えられているでしょう。

わたしたちは普通、人間は死ぬものだと考えています。労働は苦しいものだと多くの人は思うでしょう。女性が出産するときの痛みは、出産のしくみと密接に関連していて、ないと正常な出産に支障をきたす場合さえあります。このように我々が通常人間には避けられないものと考えるような苦しみが、ここでは神によって、あえて人間に与えられている罰と見なされています。

たしかに現代、無痛分娩もありますし、女性はそれほど男性に支配されていないかもしれません。労働の苦しみは多くの女性も味わっています。ですから現代のわたしたちにとってここでポイントとなるのは、罰の個々の内容ではなく、ここで罰と考えられていることを、我々が通常、人間ならだれしも避けることができないことだと考えている点であるように思われます。

アダムとエバが犯した罪に対する罰ならば、アダムとエバだけが受ければよいではないかと、現代の多くの人は考えるでしょう。彼らが犯した罪に対する罰を、彼らの子孫とされている他のすべての人類が受けなければならないというのは、たいへん不当なことのように感じられます。

アルブレヒト・デューラー「アダムとエバ」
ウィーン、アルベルティーナ素描版画館

聖書ではほとんどの場合、個人は一人で孤立した存在ではなく、その人が属する集団の代表や一員として取り扱われます。だから、ある一人の人が、あるとき、あるところで犯した罪が、その人が属する集団全体の罪と見なされ、同じ集団に属する別の人がその罰を受けるという話がたくさん出てきます。この箇所ではアダムとエバが彼らの全子孫を含む人類全体の代表として捉えられています。

わたしたちは、人類史上まれに見る極めて個人主義的な時代を生きているので、このような考え方は受け入れられないように思われるかもしれません。しかし、このような聖書におけるある種の共同体主義が、旧約聖書物語の核心部分を理解するために、極めて重要なカギをにぎる考えとして登場してきます。ここでもこのことを心にとめ、話を前に進めましょう。

訓練としての罰

エデンの園を追放された後、アダムとエバの間に二人の男の子が生まれました。兄はカイン、弟はアベルと言いました。カインは神ヤハウェが、自分の献《ささ》げ物である土の実りに目を留めず、アベルの献げ物である羊の初子だけに目を留めたことに腹を立て、腹いせに無実のアベルを殺害しました。これは殺害直後の会話です。

主《ヤハウェ》はカインに言われた。「お前の弟アベルは、どこにいるのか」。カインは答えた。「知りません。わたしは弟の番人でしょうか」（創四・九）

このようにカインは、無実のアベルを殺害しただけでなく、その犯行を否認さえしました。しかもその否認の仕方には、神ヤハウェに対するカインの強い怒りが見て取れます。アダムとエバが、取ってはいけないとされていた木の実を取って食べたのとは、比べものにならない悪質さが感じられます。実際、アダムとエバはすぐに自分たちの非を認めました（創三・一一－一三）。

アダムとエバには、死なない者であった彼らに、罰として死が与えられました。死は彼らの全子孫にも与えられました。では、カインにはどのような罰が与えられたでしょうか。

主《ヤハウェ》は言われた。「何ということをしたのか。お前の弟の血が土の中からわたしに向かって叫んでいる。今、お

前は呪われる者となった。お前が流した弟の血を、口を開けて飲み込んだ土よりもなお、呪われる。土を耕しても、土はもはやお前のために作物を産み出すことはない。お前は地上をさまよい、さすらう者となる」

（創四・一〇－一二）

神ヤハウェは、すでにアダムに対する罰の中で、茨とあざみを生えいでさせ、食べ物を得にくくしていました（創三・一七－一八）。カインに対する罰は、それがもっとひどくなり、完全に耕作不能になったというだけのものでした。このためにカインは放浪し、別のところに耕作地を探さなければなりませんでしたが、そもそもアダムとエバはエデンの園を追放され、耕作地を求めて放浪していたのです（創三・二三）。カインに対する罰は、アダムとエバに対するものと比べ、何と軽いことでしょう。それにもかかわらず、カインは神ヤハウェに泣き言を言い、何と神ヤハウェはそれを聞き入れ、カインが殺されないように守ってくれさえするのです。

ピーテル・ルーベンス「アベルを殺すカイン」
コートールド美術研究所

カインは主《ヤハウェ》に言った。「わたしの罪は重すぎて負いきれません。今日、あなたがわたしをこの土地から追放なさり、わたしが御顔から隠されて、地上をさまよい、さすらう者となってしまえば、わたしに出会う者はだれであれ、わたしを殺すでしょう」。主《ヤハウェ》はカインに言われた。「いや、それゆえカインを殺す者は、だれであれ七倍の復讐を受けるであろう」。主《ヤハウェ》はカインに出会う者がだれも彼を撃つことのないように、カインにしるしを付けられた。（創四・一三－一五）

現代人の常識からすれば、課せられる刑罰の軽重は、犯された犯罪の軽重に比例していなければなりません。より重い犯罪にはより重い刑罰が、より軽い犯罪にはより軽い刑罰が課せられるべきです。もし聖書で語られる罪・罰が、現代の犯罪・刑罰と同じものであるならば、この両者のバランスをまったく欠いたものとして非難されても致し方ないかもしれません。しかし、聖書で語られる罪・罰は、現代の犯罪・刑罰とはかなり異なるもののようです。神ヤハウェが与える苦しみを、訓練と捉える聖書の箇所（申命記八・五）が後で登場します。聖書が語る罰は、神ヤハウェがそのときそのときの相手の状況に応じて与える訓練・試練だと理解すれば、前記の「アンバランス」は理解しやすいかもしれません。このこともまた心にとどめ、話を前に進めましょう。

あがないの物語（一）

地上に広がったアダムの子孫たちがあまりにも悪かったので、神ヤハウェは人間を創造したことを後悔しました（創六・五－七）。ここで「後悔する」と訳されたヘブライ語ナーハムは、必ずしも「後悔する」と訳す必要はなく、たとえば「深く悲しむ」などと訳すことができます。つまり、神ヤハウェは深く悲しむべきもの（人間）を創造した、という意味でこの箇所を理解することができます。

そこで神ヤハウェは、人間を世界規模の洪水で滅ぼすことにしました。ただしノアだけは神に従う正しい人だったので、彼とその家族だけは、洪水の中、箱舟に乗せられて救われました。

洪水がやみ、ノアたちが箱舟から地上に出てきて、家畜や鳥の焼き尽くす献げ物を神ヤハウェに献げているとき、神ヤハウェは次のように語りました。

ドメニコ・モレッリ
「箱舟を出た後のノアによる感謝の祈り」

主《ヤハウェ》は宥《なだ》めの香りをかいで、御心《みこころ》に言われた。「人に対して大地を呪うことは二度とすまい。人が心に思うことは、幼いときから悪いのだ。わたしは、この度したように生き物をことごとく打つことは、二度とすまい」（創八・二一）

ここで神ヤハウェは、人間を滅ぼすことは二度としないと誓っています。なぜ二度としないのでしょうか。それは「人は悪いものだから」とのことです。悪いから滅ぼさない、というのでしょうか。悪いから滅ぼしたのではなかったでしょうか。悪いから滅ぼし、悪いから滅ぼさない。わたしたちにはとても理解することができそうにありません。

しかし、このような発想は、これから旧約聖書の中で語られるさまざまな物語を読み進めていくと、理解できるようになると思います。それを今少しだけ先取りしてお話ししてみることにしましょう。

ここでの神ヤハウェの言葉によれば、洪水で滅ぼされた人々と、生き残ったノアとその家族の子孫との間には、神ヤハウェの目から見て悪いという点では、大したちがいはないようです。たしかにノアは神に従う正しい人だったとされています。しかし、ノアとともに救われた家族やその子孫は、ノアのように正しい人とは限りません。実際ノアの子孫には、この後悪い人たちがたくさん登場します。

だから、ノアとその家族の子孫も、洪水で滅ぼされた人々と同じように滅ぼされてしかるべき人々だったのです。ではなぜ、洪水で滅ぼされた人々だけが滅ぼされて、ノアとその家族の子孫だけは滅ぼされなかったのでしょうか。考えられる一つのことは、もしこの事実を、生き残った人々が知ったならば、この人々は、自分たちが生きていることは当然ではないと知るはずだということです。つまり、神ヤハウェが生かさなければ、自分たちは生きていないと知るということです。このことを知らせるために神ヤハウェはこの人々を生き残したと理解することができます。

同時に、すべての人が滅ぼされてしかるべきなのに、洪水で滅ぼされた人々が滅ぼされただけですむということは、生き残った人々から見れば、洪水で滅ぼされた人々は、自分たちの代わりに滅んでくれたということになります。その意味で、この洪水の物語は、あがないの物語として理解することができます。

救いの約束

神ヤハウェは、カナン（現在のパレスチナ地方付近）にやって来ることになる一介の移民アブラム（後のアブラハム）を、何の理由もなく選び出し、彼に次のように語りかけました。

主《ヤハウェ》はアブラムに言われた。「あなたは生まれ故郷、父の家を離れて、わたしが示す地に行きなさい。わたしはあなたを大いなる国民にし、あなたを祝福し、あなたの名を高める。祝福の源となるように。あなたを祝福する

旧約聖書の舞台

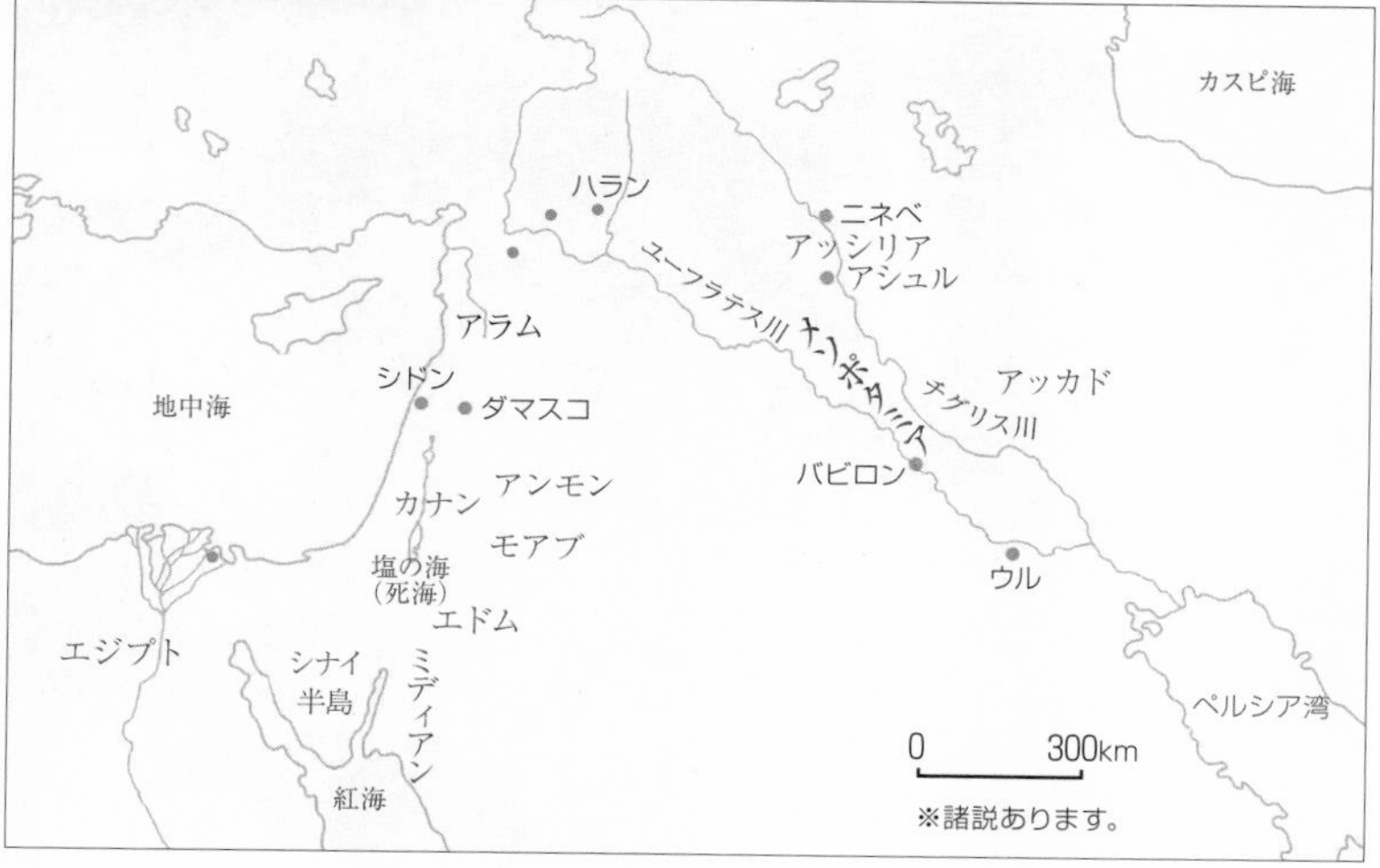

人をわたしは祝福し、あなたを呪う者をわたしは呪う。地上の氏族はすべて、あなたによって祝福に入る」

（創一二・一―三）

主《ヤハウェ》は、ロトが別れて行った後、アブラムに言われた。「さあ、目を上げて、あなたがいる場所から東西南北を見渡しなさい。見えるかぎりの土地をすべて、わたしは永久にあなたとあなたの子孫に与える。あなたの子孫を大地の砂粒のようにする。大地の砂粒が数えきれないように、あなたの子孫も数えきれないであろう……」

（創一三・一四―一六）

「あなた（アブラム）を大いなる国民にする」というところでは、アブラムとアブラムの子孫が一人の人のように扱われています。ここには前に述べた聖書らしい共同体主義が表れているように思われます。またここに出てくる「大いなる」という言葉（ヘブライ語でガードール）は、経済的な裕福さを意味しているようです。実際、同じ創世記の二四章三五節や二六章一三節では、ガードールと同じ語根を持つ動詞ガーダルが、明らかに「裕福になる」と

ジェームズ・ティソ「サラに企てを話すアブラム」
ニューヨーク、ユダヤ美術館

いう意味で使われています。「祝福する」も同様の意味で理解してよいでしょう。つまりここで神ヤハウェはアブラムに、彼の子孫を豊かにし、彼らにカナンの土地を永久に与えて、その人口を増やすことを約束しているのです。この約束は、何らの条件も付けられることなく、創世記の中で繰り返し語られます。

悪も用いられる（一）

カナンが飢饉《ききん》になったとき、アブラムは妻サライと共にエジプトに一時避難しました。そのときアブラムはサライに、自分の妻であることを隠し、妹だと言うよう頼みました。サライはアブラムの異母兄妹でしたので（創二〇・一二）、妹というのは嘘ではありません。しかし妻であることをあえて隠させたのは、サライがたいへん美しかったので、誰かがサライを自分の妻にするために、アブラムを殺すかもしれなかったからです。サライがアブラムの妹であるだけなら、誰かがサライを妻にしてもアブラムは殺されません。それどころか、自分は幸いになるとアブラムは言います。実際サライはエジプトの宮廷に召し入れられ、アブラムも兄としてさまざまな財産（羊、牛、ろば、奴隷、らくだなど）を宮廷から与えられました。

つまり、アブラムは、自分の命を守るため、そしておそらくは財産を手に入れるために、妻サライに嘘をつかせ、彼女を他の男性に妻として与えたのです。このような行為に対し神ヤハウェは、何と、アブラムを罰するのではなく、宮廷に恐ろしい病気を起こしました。その結果ファラオ（エジプトの王）はサライがアブラムの妻であるということに気づき、アブラムとサライを宮廷から追い出しました。しかしファラオは、祟《たた》りを恐れてか、アブラムとサライを殺すこともなく、与えた財産も彼らの下にそのまま残しました（創一二・一〇－二〇）。これがアブラムの子孫繁栄の礎となるのです。

人妻を自分の妻としたファラオとその宮廷が神ヤハウェに罰せられただけで、ファラオに人妻を妻とさせたアブラムは、同じように、あるいはそれ以上に罰せられてもおかしくないのに、神ヤハウェから何の罰も受けていません。その意味でこのファラオは、アブラムの代わりに罰を受けたと理解することができます。ただし、このことをアブラムは自覚しているようには見えません。

このように、神ヤハウェは悪い行為を通してさえ、本人の想像を超えて救いの約束を実現します。ただし、神ヤハウェが悪い行為を通して救いの約束を実現するからといって、その悪い行為が善い行為として肯定されるわけではありません。聖書では基本的に、悪い行為はあくまでも悪い行為であり、その責任が追及されます。だからこそここでは、人妻を自分の妻にしたかどでファラオとその宮廷が罰せられているのです（同様の話が創二〇・一－一八にも登場します）。

救いの先行

神ヤハウェは、高齢で子供がいないアブラムに対し、彼に子供が生まれ、彼の子孫は星の数ほどになると約束しました。アブラムはそれを信じ、神ヤハウェはそれを義と認めました（創一五・一－六）。

ここで「義」と訳されたヘブライ語ツェダーカーは、ノアが「神に従う無垢《むく》な人」（創六・九）と言われたとき、「神に従う」と訳されたヘブライ語ツァディークと同じ語根です。ノアも、神ヤハウェに世界規模の洪水を予告され、言われた通り箱舟を作り、そこに乗り込みました。アブラムもノアも、人間としてはとても信じられないようなことをあえて信じるところが「義」「正しい」と評価されたようです。

しかし、このようなアブラムの信仰は、実はそれほど堅固なものではなかったようです。この出来事の直後、神ヤハウェとアブラムの間に次のような会話がありました。

主《ヤハウェ》は言われた。「わたしはあなたをカルデアのウルから導き出した主《ヤハウェ》である。わたしはあなたにこの土地を与え、それを継がせる」。アブラムは尋ねた。「わが神、主《ヤハウェ》よ。この土地をわたしが継ぐことを、何によって知ることができましょうか」

（創一五・七－八）

この「何によって」の「何」は、何らかのしるし・証拠を指しているようです。実際この後神ヤハウェは、煙を吐く炉と燃える松明《たいまつ》で不思議な出来事を起こし、このことを、神ヤハウェが約束を守るしるしとします（創一五・一七－二一）。つまりここでアブラムは神ヤハウェに対し、人間としてはとても信じられない神ヤハウェの約束を自分に信じさせる何らかのしるし・証拠を、神ヤハウェに求めているのです。アブラムにとって、一介の移民に過ぎない自分の子孫にカナン全土が与えられるなどということは、とても信じられないことだったでしょう。この話にはそのようなアブラムの信じがたさが表れているように思われます。

この後アブラムは神ヤハウェに、「全き者となりなさい」と言われます（創一七・一）。先に述べた通り、人間には

アブラハムの旅路（紀元前2000年ごろ）

とても信じられないことを信じるという点で、アブラムは「義」と認められ、ノアは「正しい」と言われました。しかし両者にはちがいがあります。ノアは箱舟に乗せられる前から全き人でした（創六・九）。それに対してアブラムは、義と認められた後もまだ「全き者になりなさい」と言われています。つまり、まだ全き者ではないのです。それどころかアブラムは、神ヤハウェから義と認められてさえいないうちから、救いの約束を受けていました。このことから、アブラムが神ヤハウェから救いの約束を受けたのは、彼に備わっている何らかの善さによるのではないということが分かります。

割礼の問題

神ヤハウェは、この後アブラムをアブラハムと改名させ、彼の子孫を豊かにすること、彼らにカナンを与えることなどを再度約束した後、アブラハムとその子孫のすべての男子に対して、割礼《かつれい》を受けるよう求めました。

神はまた、アブラハムに言われた。「だからあなたも、わた

しの契約を守りなさい、あなたも後に続く子孫も。あなたたち、およびあなたの後に続く子孫と、わたしとの間で守るべき契約はこれである。すなわち、あなたたちの男子はすべて、割礼を受ける。包皮の部分を切り取りなさい。これが、わたしとあなたたちとの間の契約のしるしとなる」（創一七・九―一一）

割礼には二つの側面があるように思われます。一つはしるしとしての側面です。神ヤハウェは救いの約束を果たすしるしとして、ノアに対しては虹を与えました（創九・一三）。また、前に述べた通り、アブラハムに対しては、煙を吐く炉と燃える松明のしるしを示しました。これらはいずれも神ヤハウェが一方的に人間に示したしるしです。それに対して割礼は、人間が人間に対して示すことを神ヤハウェが求めるしるしです。

もう一つは約束としての側面です。神ヤハウェがこれまで人間に対してしてきた約束は、すべて神ヤハウェが一方的にしたものです。それに対して今回神ヤハウェは人間にも、割礼を受けるという約束を守るよう求めています。しかもそれだけではなく神ヤハウェは、割礼を受けない者およびその子孫は救わないとしています。

包皮の部分を切り取らない無割礼の男がいたなら、その人は民の間から断たれる。わたしの契約を破ったからである。（創一七・一四）

ここでの「人」は、聖書特有の共同体主義に従えば、割礼を受けない男本人だけでなく、彼の全子孫も指しているでしょう。つまりここで神ヤハウェは、アブラハムとその子孫の中で、割礼を受けている者を救うと言っているのです。すでに述べた通り、創世記の中で繰り返される神ヤハウェのアブラム（のちのアブラハム）およびその子孫に対する救いの約束は、この箇所以外ではすべて無条件的なものです。ただひたすら神ヤハウェが一方的に、アブラハムとその子孫に対して救いを約束するものです。なぜこの箇所でだけ、割礼を受けるという条件が救いに付いているのでしょうか。無条件的救いがなぜ突然条件付きの救いになってしまったのでしょうか。このことも心にとめながら、話を先に進めたいと思います。

見て生かす神

アブラムの妻サライには子供ができなかったので（創一一・三〇）、彼女はおそらく当時の習慣に従って、自分の女奴隷ハガルをアブラムの側女《そばめ》にしました。しかしハガルは妊娠するとサライを軽んじたので、サライはハガルにつらく当たり、ハガルは荒れ野に逃亡しました。このときアブラムはサライに対し、「好きなようにするがいい」（創一六・六）と、まるで他人事のように語っていました。アブラムにはまだ、自分の子が産まれるという実感がなかったのかもしれません。

ハガルは荒れ野で天使に会い、諭されてサライのもとに帰った後、イシュマエルという男の子を産みました（創一六・七－一六）。一方サライは神ヤハウェによってサラと改名し（創一七・一五）、高齢にもかかわらず（創一八・一一－一二）、奇跡的にイサクという男の

ジェームズ・ティソ「荒れ野でのハガルと天使」 ニューヨーク、ユダヤ美術館

子を産みました（創二一・一－三）。サラはイシュマエルがイサクをからかっているのを見て、ハガルとイシュマエルを追い出すようアブラハムに迫りました。

アブラハムは、今回は非常に苦しみました。それはイシュマエルも、イサクと同様自分の子だったからです（創二一・一二）。結局アブラハムは、神ヤハウェの命令により、サラに聞き従い、ハガルとイシュマエルを追い出しました。「アブラハムは、次の朝早く起き、パンと水の革袋を取ってハガルに与え、背中に負わせて子供を連れ去らせた」（創二一・一四）とあります。わずかなパンと水だけでは、荒れ野を生き残れないことは、アブラハムには分かっていたでしょう。二人を送り出すということは、二人を見殺しにするのも同然です。このときのアブラハムの気持ちはどのようなものだったでしょうか。自分の子とその母親を見殺しにしなければならないとは、何と理不尽なことでしょう。

しかし、ハガルにとって、この出来事はさらに理不尽なことでした。たしかにハガルはイシュマエルを妊娠したとき、サライを軽んじました。そのときサライにつらく当たられたのは仕方がないことだったかもしれません。しかしイシュマエルがイサクをからかったという理由で、子の実の父親に追い出され、子と共に命を失わなければならないというのは、まったくもって理不尽です。ハガルは頼まれてイシュマエルを産んだのです。イサクが生まれたので、ハガルとイシュマエルが邪魔になったという事情が裏にあるとすれば、理不尽さはさらに増します。

> ハガルは立ち去り、ベエル・シェバの荒れ野をさまよった。革袋の水が無くなると、彼女は子供を一本の灌木《かんぼく》の下に寝かせ、「わたしは子供が死ぬのを見るのは忍びない」と言って、矢の届くほど離れ、子供の方を向いて座り込んだ。彼女は子供の方を向いて座ると、声をあげて泣いた。
>
> （創二一・一四－一六）

ハガルにとってイシュマエルが死んでいくことは、耐えられないことだったでしょう。だから彼女はイシュマエルが死んでいくのを見ていられなかったのでしょう。ところがハガルは、イシュマエルに背を向けて座り込んでいません。何とイシュマエルの方を向いて座り込んでいるのです。イシュマエルを見捨てることができないから、イシュマエルが死んでいくのを無視することができないのでしょう。だからイシュマエルを見ているのです。しかし見ていられない。しかし無視できない。しかし見ていられない。しかし無視できない……。彼女はこのような分裂状況に追い込ま

系図（アダムからイサクまで）

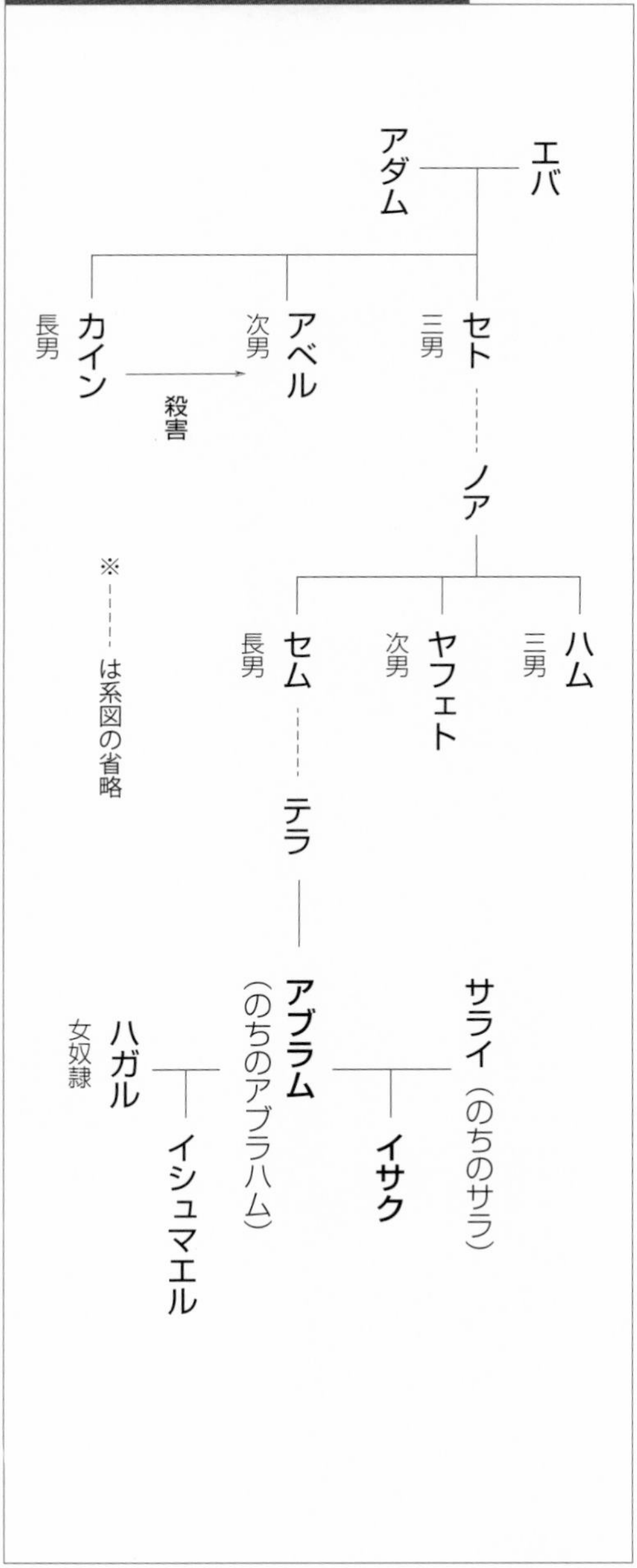

れています。

　結局、神ヤハウェは、イシュマエルの泣き声を聞き、ハガルの目を開き、井戸を見つけさせて二人を助けました。どうして神ヤハウェはわざわざ、アブラハムにハガルとイシュマエルを追い出させ、イシュマエルを死に瀕《ひん》させた上で、二人を救ったのでしょうか。神ヤハウェはイシュマエルを救ったとき、「必ずあの子を大きな国民とする」（創二一・一八）と語りましたが、ハガルが最初に荒れ野に逃亡した時、すでに神ヤハウェは、ハガルの子孫を数えきれないほど多く増やすことを約束していました（創一六・一〇）。

　このとき、ハガルは神ヤハウェを「あなたこそエル・ロイ（わたしを顧みられる神）です」（創一六・一三）と告白しました。ここで使われている「ロ」という言葉は、ハガルが「わたしは子供が死ぬのを見るのは忍びない」と言ったときの「見る」という言葉、ヘブライ語のラーアーと同じ語根の言葉です。イシュマエルが死ぬのを見ることも見ないこともできなかったハガルを救ったのは、ハガルを見て、イシュマエルの子孫を増やすことを約束した神ヤハウェだったのです。また、神ヤハウェは創世記冒頭で、自らが創造したものを見て、すべて良しとしましたが、このときの「見る」という言葉もラーアーでした。

　人間には見たくないものがあります。世界は人間の思い通りにはならないからです。しかし、いくらそれを無視しても、それはなくなるわけではありません。その意味で、それは見ざるを得ません。その際たるものが人間の死でしょう。人間は基本的に人間の死を認めたくないでしょう。しかし、認めないからといって、死がなくなるわけではありません。それは認めざるを得ません。だから人間はハガルのように、見ることも見ないこともできないという分裂状況に陥り得ます。

　しかし神ヤハウェはちがいます。聖書によれば世界は、神ヤハウェの思い通りに創造されました。だとすれば、神ヤハウェが見たくないものは、基本的に存在しないはずです。彼が無視すれば、それはそもそも存在しないでしょう。神が見るものは生き、見ないものは滅びます。もしこのような神が存在せず、人間の分裂状況だけが存在するとしたら、世界は人間にとって理不尽なままでしょう。しかし神が存在すれば、世界がどれほど人間には理不尽に見えようとも、それだけにとどまらないという希望を持つことができます。このことを伝えるために神ヤハウェは、あえてアブラハムにハガルとイシュマエルを追い出させたと理解することができます。

わずかな可能性への希望

神ヤハウェは突然アブラハムに対し、独り子イサクを、焼き尽くす献げ物として献げるよう命じました。アブラハムは、焼き尽くす献げ物に用いる薪をイサクに背負わせ、自分は火と刃物を持って、指定された山へイサクと一緒に歩いて行きました。その途中で二人の間に次のような会話がありました。

イサクは言った。「火と薪はここにありますが、焼き尽くす献げ物にする小羊はどこにいるのですか」。アブラハムは答えた。「わたしの子よ、焼き尽くす献げ物の小羊はきっと神が備えてくださる」（創二二・七―八）

アブラハムはイサクの問いかけに対し、どういう意味でこのように答えたのでしょうか。ここで「神が備えてくださる」とされている「小羊」が、イサクを指していると考えるのは困難です。それではあまりに残酷だから、というのが困難の理由ではありません。「神が備えてくださる」の部分は、ヘブライ語を直訳すると、「神が（自分で）自分に備える」となります。今イサクを献げ物として備えているのはアブラハムですから、神が自分で自分に備える小羊は別にいるということになるでしょう。

もしそうであるならば、アブラハムは神ヤハウェが、イサクとは別の献げ物を備えてくれると期待していることになります。なぜアブラハムはこのような期待を持つことができるのでしょうか。神ヤハウェ自身がアブラハムにイサクを献げよと命じたのです。その同じ神ヤハウェが、同時に、イサクとは別の献げ物を用意するなどと、どうして信じることができるのでしょうか。

もしアブラハムがこのような期待を持つことができたとすれば、それは、神ヤハウェが再三再四アブラハムに対し、彼の子孫を増やすと約束し、「あなたの子孫はイサクによって伝えられる」（創二一・一二）とまで言っていたからでしょう。つまり、そこまで言う神ヤハウェは、最終的にはイサクを殺さないと、アブラハムは信じることができたからでしょう。

それでは、アブラハムは初めから、イサクは必ず助かると予想して行動したのでしょうか。こう考えれば、せっかく奇跡的に授かった独り子イサクを献げよという神ヤハウェの極めて理不尽な命令に対し、アブラハムが何の抵抗もせず淡々と従っていることをうまく説明できるかもしれません。

しかし、次の天使の発言からすると、そうではないように思われます。


御使《みつか》いは言った。「その子に手を下すな。何もしてはならない。あなたが神を畏れる者であることが、今、分かったからだ。あなたは、自分の独り子である息子すら、わたしに献げることを惜しまなかった」（創二二・一二）

「自分の独り子である息子すら、わたしに献げることを惜しまなかった」というのが本当であるならば（天使の勘違いでないならば）、アブラハムは、イサクが焼き尽くす献げ物として献げられる可能性を認めていたことになります。しかしその一方で、イサクの問いかけに対するアブラハムの先の答えが嘘偽りでないならば、アブラハムは神ヤハウェが、イサクを助ける可能性をも信じていたことになります。

御使《みつか》いは言った。「わたしは自らにかけて誓う、と主《ヤハウェ》は言われる。あなたがこの事を行い、自分の独り子である息子すら惜しまなかったので、あなたを豊かに祝福し、あなたの子孫を天の星のように、海辺の砂のように増やそう。あなたの子孫は敵の城門を勝ち取る……」

（創二二・一六―一七）

レンブラント「イサクの犠牲」
サンクト・ペテルブルク、
エルミタージュ美術館

ここでは、「自分の独り子である息子すら惜しまなかったので」と言われていますが、だからといってそれは、今回のアブラハムの行為がなければ、神ヤハウェはアブラハムの子孫を救わなかったと理解する必要はありません。実際神ヤハウェは、アブラハムがこのことをする前から、彼とイサクの子孫の救いを約束していたのです。ここで語られているのは、今回のアブラハムの行為が、彼の子孫を救うに値するという称賛でしょう。

ではここで、いったい何が称賛されているのでしょうか。それはアブラハムが、イサクが焼き尽くす献げ物として献げられる可能性を認めつつ、その一方で神ヤハウェがイサクを助ける可能性をも信じたことでしょう。つまり、アブラハムにおいて、神ヤハウェが救いの約束を守るかどうかについて、疑いよりも信用する気持ちが、少しだけ勝ったことが称賛されているのでしょう。

悪も用いられる（二）

イサクの息子ヤコブは兄エサウと不和になり、叔父（母リベカの兄）ラバンのところに身を寄せることになりました（創二七・四一–二八・五）。ヤコブはラバンの下で働き、その労働に対する報酬の希望をラバンから問われました。ヤコブは、七年間働いたら、ラバンの次女ラケルと結婚させてほしいと申し出ました。ラバンはこれを了承しました。ところが、七年後ラバンはヤコブに対し、ラケルではなく、姉のレアを与えました。それはレアをヤコブのところへ闇夜に連れて行き、床を共にさせるという巧妙なやり方でした。さらにラバンはヤコブに対し、ラケルも与える代わりに、もう七年間働くことを要求しました。ラバンは、ラケルと結婚したい、他に行くところがないというヤコブの二重に弱い立場に付け込んだのです（創二九・一五–三〇）。

ヤコブはレアよりラケルを愛し、レアを疎んじました。しかしレアはルベン、シメオン、レビ、ユダと、四人の息子を産んだ一方、ラケルには子供ができませんでした。レアはルベンを産んだ時、「これからは夫もわたしを愛してくれるにちがいない」（創二九・三二）と言い、レビを産んだ時「これからはきっと、夫はわたしに結び付いてくれるだろう。夫のために三人も男の子を産んだのだから」（創二九・三四）と言いました。跡継ぎの息子が生まれて育つことが何より重要であった当時の社会において、三人も息子を産んだ妻が、子供を一人も産まない妻よりも夫から評価されると考えられたのは当然でしょう。

イスラエル12部族の成り立ち

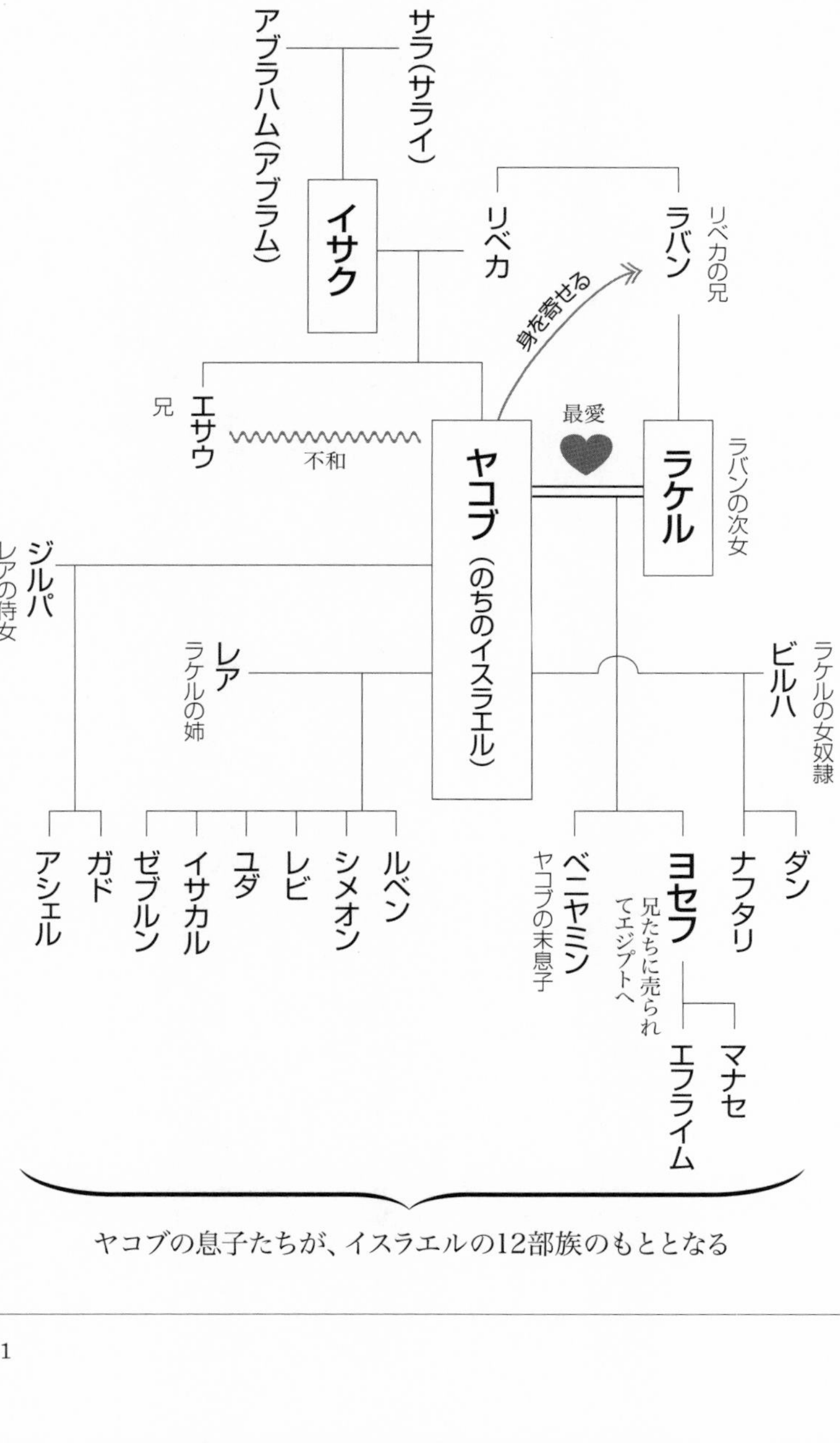

ヤコブの息子たちが、イスラエルの12部族のもととなる

ラケルはレアをねたみ、自分の女奴隷ビルハに、ダンとナフタリという ヤコブの二人の息子を産ませました。ラケルはナフタリが生まれた時、「姉と死に物狂いの争いをして、ついに勝った」(創三〇・八)と言いました。かつてサライは自分の女奴隷ハガルにアブラムの息子イシュマエルを産ませましたが(創一六・一－一六)、それはアブラムに跡継ぎの息子がいなかったからでした。しかしヤコブにはすでにレアが産んだ三人の男の子がいましたから、跡継ぎという点では、さらに女奴隷に子供を産ませる理由はあまりありませんでした。ラケルがビルハに子供を産ませたのは、純粋にレアに対する嫉妬心によるものであり、また本来自分が有していないものを、いわば無理やり持とうとする虚栄心に基づくものであったと理解してよいでしょう。

レアも負けじと、自分の女奴隷ジルパに、ガドとアシェルというヤコブの二人の息子を産ませました。これもラケルと同様、純粋にラケルに対する嫉妬心、虚栄心に基づくものと言ってよいでしょう。さらにレアは自分でも、イサカルとゼブルンという二人の息子、ディナという娘を産みました。レアはゼブルンを産んだ時、「今度こそ、夫はわたしを尊敬してくれるでしょう。夫のために六人も男の子を産んだのだから」(創三〇・二〇)と言いました。最終的にはラケルも、ヨセフという息子を産みました。

これらヤコブの息子たちは、後にイスラエル一二部族の祖となり(創四九・二八)、アブラハム、イサク、ヤコブの子孫が増える礎となりました。神ヤハウェはこの物語に直接的にはほとんど登場しませんが、神ヤハウェはラバンの利己心、ラケルとレアの嫉妬心、虚栄心といった悪を通してさえ、彼らの想像をはるかに超えて、救いの約束を実現するということを、この物語から読み取ることができるように思われます。

すべては救いの業

ヤコブはヨセフを他のどの息子よりもかわいがりました。「ヨセフが年寄り子であったので」（創三七・三）とされていますが、それよりも、ヨセフが、ヤコブ最愛の妻ラケルが最初に産んだ息子であることが、その大きな要因であったように思われます。兄たちはヨセフを憎み、ねたみ、ヨセフを野原の穴に落として殺そうとしましたが、結局ヨセフはエジプトへ奴隷として売られていきました。しかしヨセフは、エジプト宮廷の侍従長ポティファルの下で財産管理を任されるようになりました。またポティファルの妻に、乱暴しようとしたというぬれぎぬを着せられて監獄に入ったときも、監獄の責任者になりました。そしてそこで夢解きの才能を発揮し、その後ファラオの夢を解き、七年に及ぶ飢饉を予言して、穀物の備蓄をファラオに提案しました。これによりヨセフはエジプトの宰相に任命されるのです。

ジェームズ・ティソ
「穴に投げ込まれたヨセフ」
ニューヨーク、ユダヤ美術館

飢饉は、ヤコブたちが暮らすカナンを含む世界各地に広がりました。ヨセフの一〇人の兄たちは、父ヤコブに言われ、穀物を買いにエジプトへ行きました。ただし、ラケルが最後に自分の命と引き換えに産んだ二人目の息子ベニヤミンだけは、安全を考慮してヤコブが自分の下にとどめ置きました。最愛の妻ラケルの息子が一人もいなくなってしまうことをヤコブは心配したようです。一方ヨセフはエジプトで穀物販売監督をしていました。兄たちは地面にひれ伏してヨセフを拝しました。

ヨセフは一目で兄たちだと気づきましたが、分からないふりをしました。兄たちはヨセフに気づきませんでした。それはおそらくひれ伏していて頭を上げられず、さらに、通訳が間に入っていた（創四二・二三）からでしょう。ヨセフは兄たちにいろいろと難癖を付けて、ベニヤミンを連れて来るよう命令しました。その一方で、帰る兄たちの穀物袋に穀物を詰めさせ、彼らが支払った銀もその中に戻させました。

　兄たちはカナンに戻り、穀物を食べ尽した後、ヤコブに言われ、またヤコブを説得してベニヤミンも連れ、もう一度エジプトへ行きました。ヨセフは、今回は自分の家で、彼らと共に昼食を取りました。ヨセフは弟ベニヤミンを見て、席を外して涙を流しました。ヨセフは今回も、帰る兄たちの穀物袋に再び穀物を詰めさせ、彼らが支払った銀をその中に戻させました。ただ、今回はさらに、ベニヤミンの袋に銀杯を入れさせました。そしてヨセフは彼らが帰った後、執事に彼らを追わせ、銀杯を発見させ、彼らに窃盗のぬれぎぬを着せて、彼らを引き返させました。そして帰ってきた彼らに対し、ベニヤミンだけを奴隷としてエジプトに残すと宣告しました。しかしそれに対して四男のユダが、もしベニヤミンをエジプトに残せば、父ヤコブは悲しみのあまり死んでしまうと訴えました。すると、それを聞いたヨセフは突然態度を変え、兄弟たちに自分がヨセフであることを明かし、ヤコブ家全員をエジプトに引き取ることにしました。

　なぜヨセフは最初に兄たちと会った時、兄たちだと気づいたにもかかわらず、そしらぬふりをしたのでしょうか。そして、それをし通したのでしょうか。それはおそらく、もし身の上を明かせば、ベニヤミンだけエジプトに残すことが難しくなると思ったからでしょう。実際結末でヨセフは身の上を明かした後、ヤコブ家全員をエジプトに引き取っています。ただ単にベニヤミンに会いたいというだけなら、身の上を明かしても可能だったかもしれません。つまりヨセフは、最初に兄たちと会った時から、ユダの言葉を聞くまで、ベニヤミンとだけ暮らしたい、兄たちとは暮ら

コルネリウス「兄弟たちと再会するヨセフ」ベルリン絵画館

したくないと考えていたように思われます。

ただし、だからといってヨセフが、兄たちを深く恨んでいたとは思えません。もし本当に恨んでいたのであれば、最初に兄たちに気づいたときにも、彼らが二回目にエジプトに来たときにも、彼らを殺すなり拷問するなりできたでしょう。穀物袋に穀物を詰めさせたり、その中に支払の銀を戻させたりしたのも、ただ単に父ヤコブと弟ベニヤミンのためだけだったとは思われません。兄たちのことも気遣っていたはずです。

しかし、それでもやはりヨセフは、兄たちに殺されそうになったことをつらい経験として覚えていたようです。兄たちはベニヤミンを連れて来るようヨセフに命じられた時、次のように語りました。

ああ、我々は弟のことで罰を受けているのだ。弟が我々に助けを求めたとき、あれほどの苦しみを見ながら、耳を貸そうともしなかった。それで、この苦しみが我々にふりかかった」。すると、ルベンが答えた。「あのときわたしは、『あの子に悪いことをするな』と言ったではないか。お前たちは耳を貸そうともしなかった。だから、あの子の血の報いを受けるのだ。（創四二・二一―二二）

するとその時、それを聞いた「ヨセフは彼らから遠ざかって泣いた」（創四二・二四）とされています。つまりヨセフは兄たちを殺したい、傷付けたいと思うほど彼らを恨んではいなかったが、しかしそれでもやはり、兄たちにされたことは覚えており、彼らと一緒に暮らす気にはなれなかったのでしょう。

ではなぜヨセフは突然態度を変え、身の上を明かす気になったのでしょうか。それはやはり、彼が態度を変える直前のユダの言葉がその原因だったでしょう。すなわち、もしベニヤミンをエジプトに残せば、父ヤコブは悲しみのあまり死んでしまうということを知ったからでしょう。ということは、ヨセフは、兄たちとは暮らしたくない、弟ベニヤミンとだけ暮らしたいが、そうすると父ヤコブが死んでしまうので、それを避けるために仕方なく身の上を明かし、ヤコブ家全員をエジプトに招いたということになります。つまりヨセフは、ヤコブが死んでしまうのは困るが、だからといってヤコブと一緒に暮らしたいとは、それほど思っていなかったことになります。

もしこの理解が正しいならば、兄弟たちが抱き合って泣く感動的なラストシーン（創四五・一四―一五）とは裏腹に、ヨセフの選択は苦渋の、少なくとも次善の選択だったということになります。しかしそれとは対照的に、ヨセフが身の上を明かした直後兄たちに語った言葉は次のようなものでした。

しかし、今は、わたしをここへ売ったことを悔やんだり、責め合ったりする必要はありません。命を救うために、神がわたしをあなたたちより先にお遣わしになったのです。この二年の間、世界中に飢饉が襲っていますが、まだこれから五年間は、耕すこともなく、収穫もないでしょう。神がわたしをあなたたちより先にお遣わしになったのは、この国にあなたたちの残りの者を与え、あなたたちを生き永らえさせて、大いなる救いに至らせるためです。わたしをここへ遣わしたのは、あなたたちではなく、神です。神がわたしをファラオの顧問、宮廷全体の主、エジプト全国を治める者としてくださったのです。（創四五・五－八）

「神がわたしをあなたたちより先にお遣わしになった」という言葉には、兄たちもエジプトへ来るという内容が含まれています。そしてそのことをヨセフはここで、仕方のない彼の苦渋の、次善の選択の結果ではなく、エジプトでヤコブ家とその子孫の命を救い、生き永らえさせて、救いの約束を実現する神ヤハウェの業《わざ》と理解しています。

ヨセフはいつこのような考えを持ったのでしょうか。それはユダの言葉を聞く前ではあり得ないでしょう。なぜならそれまでヨセフはエジプトで、ベニヤミンだけと暮らそうと考えていたと思われるのですから。では、神ヤハウェの業というヨセフの理解と、彼の苦渋の選択とは、どのような関係にあるのでしょうか。突然神ヤハウェが彼を動かしたというのでしょうか。最も妥当な理解は、ヨセフが、自分の苦渋の選択を神ヤハウェの業と理解したというものでしょう。極めて人間的な感情が絡みついた彼の苦渋の選択が、彼の想像をはるかに超えた神ヤハウェの救いの業であったと気づいたのではないでしょうか。またその気づきがここで、「わたしをここへ売ったことを悔やんだり、責め合ったりする必要はありません」という形で、罪の赦《ゆる》しにつながっているように思われます。

以上のようにこの物語は、次のことを示していると理解することができます。すなわち、ヨセフに対する兄たちの憎しみ、ねたみと、それに端を発するさまざまな出来事といった悪や、ヨセフの世俗的な才能、誠実さ、超越的能力などといった善や、それらにかかわる人間のさまざまな思いなどを通して、神ヤハウェは、人間の想像をはるかに超えて救いの約束を実現するということ、そしてそのことに気づくことによって人間は、他人の罪を赦すことができるということです。実際ヨセフはヤコブの死後、ヨセフの仕返しを恐れる兄たちに次のように語りました。

あなたがたはわたしに悪をたくらみましたが、神はそれを善に変え、多くの民の命を救うために、今日《こんにち》のようにしてくださったのです。

（創五〇・二〇）

前半部分について新改訳は、「あなたがたは、私に悪を計りましたが、神はそれを、良いことのための計らいとなさいました」となっていますが、この方が原文に忠実です。この部分の後半部分をさらに原文に忠実に訳せば、「神は善のために悪を計らう」となります。

最後に、関連するパウロの言葉を新約聖書から挙げておきましょう。

神を愛する者たち、つまり、御計画に従って召された者たちには、万事が益となるように共に働くということを、わたしたちは知っています。

（ローマ八・二八）

二

出エジプト記

唯一の創造者（一）

ヤコブが神ヤハウェからイスラエルという名前を与えられたため（創三二・二九）、彼の子孫はイスラエル人と呼ばれるようになりました。イスラエル人は、エジプトで人口が増え、エジプト人に恐れられ、エジプト人に虐待されました（出一・六－一四）。そこで神ヤハウェはイスラエル人たちをエジプトから脱出させることにしました（出三・七－一〇）。

神ヤハウェはイスラエル人モーセとその兄アロンを通し、ファラオに対して、イスラエル人たちが神ヤハウェを祭るためエジプトを出国するのを許可するよう求めましたが、ファラオはそれを拒否しました（出五・一－五）。しかしそれは何と、神ヤハウェ自身がファラオの心をかたくなにしたからでした（出四・二一）。なぜ神ヤハウェはこのようなことをしたのでしょうか。それは自分がヤハウェであることを知らせるためだったというのです。

主《ヤハウェ》はモーセに言われた。「見よ、わたしは、あなたをファラオに対しては神の代わりとし、あなたの兄アロンはあなたの預言者となる。わたしが命じるすべてのことをあなたが語れば、あなたの兄アロンが、イスラエルの人々を国から去らせるよう、ファラオに語るであろう。しかし、わたしはファラオの心をかたくなにするので、わたしがエジプトの国でしるしや奇跡を繰り返したとしても、ファラオはあなたたちの言うことを聞かない。わたしはエジプトに手を下し、大いなる審判によって、わたしの部隊、わたしの民イスラエルの人々をエジプトの国から導き出す。わたしがエジプトに対して手を伸ばし、イスラエルの人々をその中から導き出すとき、エジプト人は、わたしが主《ヤハウェ》であることを知るようになる」

（出七・一－五）

神ヤハウェはモーセとアロンを通して杖《つえ》を蛇に変えたり、エジプト中の水を血に変えたり、エジプト中にカエルやブヨやアブを発生させたり、疫病やはれ物、雷や雹《ひょう》を発生させたりしましたが、雷と雹を発生させる前には次のように語りました。

今度こそ、わたしはあなた自身とあなたの家臣とあなたの民に、あらゆる災害をくだす。わたしのような神は、地上のどこにもいないことを、あなたに分からせるためである。実際、今までにもわたしは手を伸ばし、あなたとあなたの民を疫病で打ち、地上から絶やすこともできたのだ。しかしわたしは、あなたにわたしの力を示してわたしの名を全地に語り告げさせるため、あなたを生かしておいた。

（出九・一四－一六）

また、神ヤハウェが雷と雹を発生させた後、モーセは次のように語りました。

出エジプト ①

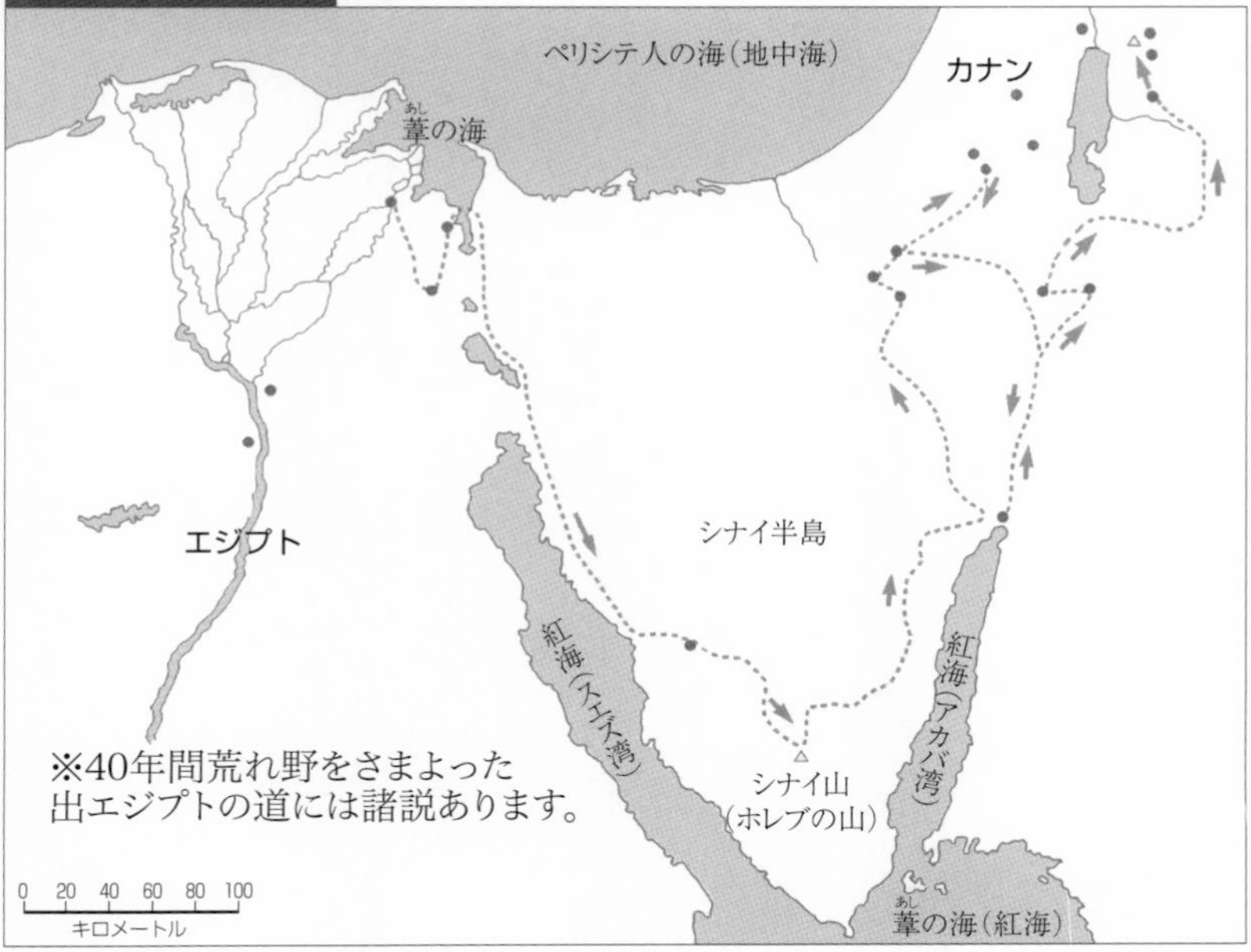

町を出たら、早速両手を広げて主《ヤハウェ》に祈りましょう。雷はやみ、雹はもう降らないでしょう。あなたはこうして、大地が主《ヤハウェ》のものであることを知るでしょう。

（出九・二九）

またその後でも神ヤハウェは次のように語りました。

主《ヤハウェ》はモーセに言われた。「ファラオのもとに行きなさい。彼とその家臣の心を頑迷にしたのは、わたし自身である。それは、彼らのただ中でわたしがこれらのしるしを行うためであり、わたしがエジプト人をどのようにあしらったか、どのようなしるしを行ったかをあなたが子孫に語り伝え、わたしが主《ヤハウェ》であることをあなたたちが知るためである」

（出一〇・一－二）

さらに神ヤハウェは、モーセとアロンを通してエジプト中にいなごを発生させ、エジプト中を三日間真っ暗にし、イスラエル人以外のエジプト中の人間と家畜のすべての初子《ういご》を殺しました。そしてこの混乱の中イスラエル人たちがエジプトを出発した後、神ヤハウェは葦《あし》の海を二つに分けて彼らを通し、後から入って来たエジプト軍を、海を元に戻すことによって全滅させました。このことをする前にも神ヤハウェは次のように語りました。

わたしはファラオの心をかたくなにし、彼らの後を追わせる。しかし、わたしはファラオとその全軍を破って栄光を現すので、エジプト人は、わたしが主《ヤハウェ》であることを知るようになる。

(出一四・四)

「主《ヤハウェ》であることを知る」とは、一体どういうことを意味するのでしょうか。旧約聖書に書かれている神の固有名、いわゆる神聖四文字（ローマ字で書けばＹＨＷＨ、あるいはＪＨＷＨ）は、いつからか読まれなくなり、代わりに「主」を意味するヘブライ語アドーナーイで読まれるようになり、本来の読み方が分からなくなってしまいました。現代のヘブライ語学者は、「存在する」を意味する動詞ハーヤーの派生形で「ヤハウェ」などと読まれていたと推測しています。そしてこの「ヤハウェ」の意味は「存在させる」だったのではないかという有力な説があります。

もしこの説が正しいとすれば、聖書が語るような天地万物の唯一の創造者にこれほどふさわしい名前はないように思われます。そしてそれは、さきに引用した出エジプト記九章二九節でのモーセの発言「大地が主《ヤハウェ》のものであることを知るでしょう」ともぴったり一致します。また、同じく引用した同章一四節で神ヤハウェが、「わたしのような神は、地上のどこにもいない」と語っているのを、創造者としての彼の唯一性を表現していると理解することができます。

つまり、以上のことが正しいとすれば、神ヤハウェがファラオの心をかたくなにし、さまざまな天災を起こして彼とその国エジプトを罰したのは、大地は神ヤハウェのものであり、このような神は他にないこと、すなわち、神ヤハウェこそが天地万物の唯一の創造者であるということを知らせるためであったと理解することができます。

苦難の意義付け

イスラエル人たちはエジプトを脱出し、荒れ野にあるシナイ山（またはホレブの山）に到着しました。そこで神ヤハウェは彼らに対し、モーセを通して、救いの約束を実行する条件として彼らが守るべきたくさんの掟、すなわち律法を与えました。その内容は、律法の最初の部分に当たる十戒の第一戒「あなたには、わたしをおいてほかに神があってはならない」（出二〇・三）に極まるように思われます。またここで語られている救いとは主に、カナン征服のことであるように思われます。神ヤハウェは一通り律法を与えた後、イスラエル人たちに次のように語りました。

レンブラント「十戒をもつモーセ」
ベルリン美術館

見よ、わたしはあなたの前に使いを遣わして、あなたを道で守らせ、わたしの備えた場所に導かせる。あなたは彼に心を留め、その声に聞き従い、彼に逆らってはならない。彼はあなたたちの背きを赦《ゆる》さないであろう。彼はわたしの名を帯びているからである。しかし、もしあなたが彼の声に聞き従い、わたしの語ることをすべて行うならば、わたしはあなたの敵に敵対し、仇に仇を報いる。わたしの使いがあなたの前を行き、あなたをアモリ人、ヘト人、ペリジ人、カナン人、ヒビ人、エブス人のところに導くとき、わたしは彼らを絶やす。あなたは彼らの神々にひれ伏し仕えてはならない。そのならわしを行ってはならない。あなたは彼らを滅ぼし、その石柱を打ち砕かねばならない。あなたたちは、あなたたちの神、主《ヤハウェ》に仕えねばならない。主《ヤハウェ》はあなたのパンと水を祝福するであろう。わたしはあなたの中から病を取り除く。あなたの国には流産する女も不妊の女もいなくなる。わたしはあなたの天寿を全うさせる。

（出二三・二〇－二六）

ここで神ヤハウェは、天使を遣わし、カナン原住民を滅ぼし、イスラエル人たちにカナンを征服させ、そこで繁栄させると約束しています。ただしそれには、イスラエル人たちが、天使の語ることに聞き従えばという条件が付いています。そしてその内容は、神ヤハウェだけを神とし、カナン原住民の神々を神としないということです。

ということは、逆に言えば、もしカナン原住民が滅ぼされず、イスラエル人たちがカナンを征服できないならば、それは、イスラエル人たちが神ヤハウェだけを神とせず、カナン原住民の神々を神としているからということになります。そしてこのような状況こそ、後で出て来る士師記という文献に記されている内容です。またそれは常識的に考えても、当然起こると予想される事態であるように思われます。

というのも、カナンという地域（現在のパレスチナ地方付近）は、世界四大文明発祥地のうちの二つ（エジプトとメソポタミア）にはさまれ、古くから交通の要所として人が住み、文明、文化を発展させていました。そのようなところに、聖書によれば外から入って来た少数民族であるイスラエル人が、一気に原住民を滅ぼして征服するなどということは、到底できないことのように思われます。彼らにできたことはせいぜい、多くの原住民と仲良くして共存することくらいだったでしょう。仲良くするには相手の宗教を大事にしなければなりません。宗教が生活に密着している時代、地域であればなおさらのことです。イスラエル人たちはカナン原住民の神々を神とせざるを得なかったと想像されます。

ですから、シナイ山で与えられた律法は、少なくとも聖書の中では、イスラエル人たちがどうしたら神ヤハウェに救われるのか、その方法を示したというよりもむしろ、イスラエル人が救われていない現状を、仕方がないこととしてかたづけるのではなく、理由があって、あえて神ヤハウェが与えているものとして説明する機能を果たしていると考えるほうが良いように思われます。そしてその理由とは、さきに述べた通り、神ヤハウェだけを神としていないということでした。だから、イスラエル人が約束通りカナンを征服させてもらえないという状況は、彼らが神ヤハウェだけを神とすべきであるということを自覚するためのものだったと理解することができます。

あがないの物語（二）

モーセはシナイ山頂でたくさんの律法を与えられている間、何日も山から降りて来なかったので、イスラエル人たちはたいへん不安になりました。というのも、イスラエル人たちは基本的に都市の建設労働者でしたので（出一・一一）、荒れ野で生き抜く力は持っていませんでした。神ヤハウェに養われなければまったく生きていけないのに（出一五・二二－一七・七）、その神ヤハウェと意思疎通できるのはモーセただ一人でした。そのモーセが死んでしまったら、イスラエル人たちは荒れ野に取り残され、ただ死を待つばかりになってしまいます。

そこで彼らはアロンに対し、おそらくエジプト人から奪ったものである（出一二・三五－三六）金の耳輪を人々から集めさせ、そこから若い雄牛の像を鋳造させました。そして「イスラエルよ、これこそあなたをエジプトの国から導き上ったあなたの神々だ」（出三二・四）と言い、この像に献《ささ》げ物を献げ、そこで飲み食いし、踊り戯れました。遠くシナイ山頂で雷鳴と稲妻の中モーセ一人と語り合っている神ヤハウェ（出一九・一六－一九）よりも、身近にある金の雄牛の像の方が、イスラエル人たちにとっては神としてリアリティーがあったのでしょう。

しかしこれは明らかに十戒の「いかなる像も造ってはならない」（出二〇・四）、「あなたはそれらに向かってひれ伏したり、それらに仕えたりしてはならない」（出二〇・五）に違反しています。イスラエル人たちは十戒を聞いた後、「主《ヤハウェ》が語られた言葉をすべて行います」（出二四・三）と言っていたにもかかわらず、これをあっさり破ってしまいました。

ただしアロンたちには、それほど悪いことをしているという意識はなかったかもしれません。実際アロンは、この像の前で「主《ヤハウェ》の祭りを行う」（出三二・五）と言っています。また彼には、人々に言われてすぐ金の雄牛像を造ることができる技術がありますから、このような像を造ることは、彼にとってごく普通のことであったと想像されます。

しかし神ヤハウェはこれに対し、イスラエル人たちを滅ぼし尽くし、モーセを大いなる民にすると言い出しました（出三二・一〇）。つまり、イスラエル人たちの中でモーセだけを生き残らせ、モーセの子孫において救いの約束を実現するというのです。モーセはこのように言う神ヤハウェをなだめ、神ヤハウェがアブラハム、イサク、ヤコブにした救いの約束を神ヤハウェに思い出させました。それにより神ヤハウェはイスラエル人たちを滅ぼし尽くすのをやめました。

下山したモーセはイスラエル人たちの状況を見て激怒し、律法が刻まれた二枚の石板を投げつけ、砕き、若い雄牛

ニコラ・プッサン「金の子牛を拝む」 ロンドン、ナショナル・ギャラリー

像を火で焼き、粉々に砕いて水の上にまき散らし、それを彼らに飲ませました。そして同族のレビ人《びと》たちに、神ヤハウェの命令として、自分の兄弟、友、隣人たちを剣《つるぎ》で殺害させました。その結果イスラエル人三〇〇〇人が命を落としました。その後モーセは神ヤハウェの下に戻り、神ヤハウェに罪の赦《ゆる》しを乞い、神ヤハウェはイスラエル人たちを赦しました。

イスラエル人たちの中には、アロンに若い雄牛像を造らせることに深くかかわった人と、ほぼ全くかかわらなかった人とがいたでしょう。しかし聖書はこのことをイスラエル人全体の罪と捉えます。それゆえモーセ以外のイスラエル人たちは、神ヤハウェの目から見れば滅ぼし尽くされて当然と見なされています。ただし、なぜモーセだけは滅ぼされなくてよいのか、その理由はよく分かりません。また神ヤハウェはモーセのなだめにより、彼らを滅ぼし尽くすことをやめました。この理由も定かではありません。モーセのなだめがそれほど説得力のあるものとも思えません（出三二・一一－一四）。

しかし神ヤハウェは、イスラエル人たちを罰すること自体をやめたわけではありませんでした。神ヤハウェはモーセを通してレビ人たちにイスラエル人三〇〇〇人を殺害させました。このことによって初めて、イスラエル人たちが犯した罪は赦されたのです。

レビ人たちに殺害された三〇〇〇人が特に罪深かったわけでは当然ありません。なぜなら、この罪はあくまでもイスラエル人全体の罪と認定されているからです。特にモーセと、殺害を行ったレビ人たちは、「殺してはならない」という十戒の規定をも破っています。たとえ神ヤハウェの命令であったとしても、それだからといって彼らの行為が、罪ではないことにはならないでしょう。知らないうちに神に心をかたくなにされ、神を拒否させられたファラオの罪も罰せられたのですから。

しかし彼らは罰せられず、三〇〇〇人が罰せられたことによって罰はやみました。レビ人たちは祝福まで約束されています（出三二・二九）。その意味でこの三〇〇〇人の死は、他のすべてのイスラエル人たちの身代わりの死であったと理解することができ、この物語はあがないの物語として読むことができます。

罰しつつ赦す

神ヤハウェは、モーセが砕いた石板と同じものを彼に与えるため彼をシナイ山頂に呼んだとき、次のように語りました。

> 主《ヤハウェ》、主《ヤハウェ》、憐れみ深く恵みに富む神、忍耐強く、慈しみとまことに満ち、幾千代にも及ぶ慈しみを守り、罪と背きと過ちを赦す。しかし罰すべき者を罰せずにはおかず、父祖の罪を、子、孫に三代、四代までも問う者。
> （出三四・六－七）

神ヤハウェは、幾千代にもわたって罪を赦すと言いながら、その直後に、罰すべき者を罰せずにはおかず、しかもその罪を三代、四代までも問うと言っています。これは全く矛盾しているように見えます。なぜなら、罰すべき者を罰せずにはおかないならば、罪を赦す余地などないように思われるからです。

次に登場する民数記において、シナイ山を出発した後、イスラエル人たちの一部がカナンに侵攻することを躊躇《ちゅうちょ》したのに対し、神ヤハウェが、モーセ以外のイスラエル人を滅ぼし尽くそうとしたとき、モーセは神ヤハウェに対し、この出エジプト記の箇所を念頭に、次のように祈っています。

「今、わが主《ヤハウェ》の力を大いに現してください。あなたはこう約束されました。『主《ヤハウェ》は、忍耐強く、慈しみに満ち、罪と背きを赦す方。しかし、罰すべき者を罰せずにはおかれず、父祖の罪を子孫に三代、四代までも問われる方である』と。どうか、あなたの大きな慈しみのゆえに、また、エジプトからここに至るまで、この民を赦してこられたように、この民の罪を赦してください」。主《ヤハウェ》は言われた。「あなたの言葉のゆえに、わたしは赦そう。しかし、わたしは生きており、主《ヤハウェ》の栄光は全地に満ちている。わたしの栄光、わたしがエジプトと荒れ野で行ったしるしを見ながら、十度《とたび》もわたしを試み、わたしの声に聞き従わなかった者はだれ一人として、わたしが彼らの先祖に誓った土地を見ることはない。わたしをないがしろにする者はだれ一人としてそれを見ることはない」

（民一四・一七－二三）

この場面は、さきほどの「あがないの物語（二）」（55ページ）と非常によく似ているように思われます。というのも、両場面において、イスラエル人全体のものと見なされた罪（金製の若い雄牛像を造ったことと、カナン侵攻を躊躇したこと）に対する罰を、一部のイスラエル人が受けたこと（イスラエル人三〇〇〇人がレビ人たちに殺害されたことと、エジプト出身のイスラエル人がカナンに入れないこと）によって、イスラエル人全体が罰を受けたと見なされています。またそのことによって、罰せられるべきイスラエル人全体が罰せられましたが、その一方で、実際に罰せられた人々と同じように罰せられるはずであった残りの人々の罪は赦されたと理解することができます。そうすると、さきほどの出エジプト記における神ヤハウェの発言と矛盾していないと考えられると思われます。

三

民数記

あがないの物語（三）

イスラエル人たちはシナイ山を出発した後、次のような泣き言を言いました。

誰か肉を食べさせてくれないものか。エジプトでは魚をただで食べていたし、きゅうりやメロン、葱《ねぎ》や玉葱《たまねぎ》やにんにくが忘れられない。今では、わたしたちの唾は干上がり、どこを見回してもマナばかりで、何もない。

（民一一・四－六）

神ヤハウェはこれを聞き、イスラエル人たちに肉を与えるとモーセに語りました。

民に告げなさい。明日のために自分自身を聖別しなさい。あなたたちは肉を食べることができる。主《ヤハウェ》の耳に達するほど、泣き言を言い、誰か肉を食べさせてくれないものか、エジプトでは幸せだったと訴えたから、主《ヤハウェ》はあなたたちに肉をお与えになり、あなたたちは食べることができる。（民一一・一八）

これと似たことが、シナイ山に到着する前にもありました。このときもイスラエル人たちは次のような不平を言っていました。

我々はエジプトの国で、主《ヤハウェ》の手にかかって、死んだ方がましだった。あのときは肉のたくさん入った鍋の前に座り、パンを腹いっぱい食べられたのに。あなたたちは我々をこの荒れ野に連れ出し、この全会衆を飢え死にさせようとしている。（出一六・三）

このときも神ヤハウェは、イスラエル人たちが神ヤハウェに対して言った不平を聞き入れ、マナと呼ばれる白くて甘いウエハース状の「パン」と、うずらの肉を与えました。

しかし、前回はこれでおしまいでしたが、今回はそうはなりませんでした。多くのイスラエル人がうずらの肉を食べて疫病にかかり、死んでしまいます。

あなたたちがそれを食べるのは、一日や二日や五日や十日《とおか》や二十日《はつか》ではない。一か月に及び、ついにあなたたちの鼻から出るようになり、吐き気を催すほどになる。あなたたちは、あなたたちのうちにいます主《ヤハウェ》を拒み、主《ヤハウェ》の面前で、どうして我々はエジプトを出て来てしまったのか、と泣き言を言ったからだ。（民一一・一九－二〇）

「吐き気を催す」の原語ザーラーは「嫌う」「嫌になる」という意味で、後に罰として与えられる疫病を示唆していると思われます。そして実際に疫病が発生しました。

さて、主《ヤハウェ》のもとから風が出て、海の方からうずらを吹き寄せ、宿営の近くに落とした。うずらは、宿営の周囲、縦横それぞれ一日の道のりの範囲にわたって、地上二アンマ〈約一メートル〉ほどの高さに積もった。民は出て行って、終日終夜、そして翌日も、うずらを集め、少ない者でも一〇ホメル〈約二三〇〇リットル〉は集めた。そして、宿営の周りに広げておいた。肉がまだ歯の間にあって、かみ切られないうちに、主《ヤハウェ》は民に対して憤りを発し、激しい疫病で民を打たれた。そのためその場所は、キブロト・ハタアワ〈貪欲の墓〉と呼ばれている。貪欲な人々をそこに葬ったからである。
（民一一・三一－三四）

イスラエル人たちは前回も現状に不平を述べましたが、うずらとマナを与えられただけでした。しかし今回は、現状に泣き言を言ったことによって、うずらを与えられるとともに、疫病で打たれました。なぜ神ヤハウェは今回だけ、イスラエル人たちを疫病で打ったのでしょうか。なぜならイスラエル人たちがしたことは、前回と今回とでは、全くちがわないように思われるからです。

もし、神ヤハウェを、気まぐれな神とは考えないならば、次のように理解することができます。すなわち、現状に不平、泣き言を言って出エジプトを否定するような態度は、神ヤハウェの目から見ればたしかに罪でした。今回はそれにふさわしい罰として疫病が与えられました。しかし前回も同じ罪が犯されていたのですから、本来は今回と同じような罰が与えられるはずでした。しかし、理由は定かではありませんが罪が赦され、今回のような罰は与えられませんでした。もし今回も前回と同じように罰が与えられなかったとしたら、このような態度が罪であることや、前回は罪が赦されていたということは、明らかにならなかったことでしょう。今回のような罰が与えられることによって初めて、このような態度が罪であること、前回の出来事が罪の赦しによるものであったということが浮き彫りなったと言うことができます。これが今回の罰の意義であると考えることができます。

今回も、疫病で打たれたのはイスラエル人全体ではなく、「貪欲な人々」でした。なぜなら、それ以外の人たちが「貪欲な人々」を葬っているからです。「貪欲な人々」という言葉には、ヘブライ語のアーワー（切望する）という動詞の派生形が使われていて、直訳すれば「切望する人々」となります。また詩編はこの「貪欲な人々」を、「肥え太った者たち」と理解しています。

神の怒りが彼らの中に燃えさかり、その肥え太った者を殺し、イスラエルの若者たちを倒した。（詩七八・三一）

ここで「肥え太った」と訳されているヘブライ語ミシュマーンは、「肥え太った」とも訳せますが、「最もがんじょうな」と訳すこともできます。ですからこの箇所は新改訳のように「最もがんじょうな者たちを殺し」とも訳せます。つまり、体力があり、うずらをたくさん食べることができた者たちが疫病で死に、そうでない、つまり体力がなく、うずらをたくさん食べることのできなかった人々が生き残ったと理解することができます。

したがって、「貪欲な人々」という訳語のイメージとは裏腹に、疫病で死んだ人々が必ずしも特に罪深く、生き残った人々はそうではなかったということにはならないように思われます。いずれにしても、イスラエル人全体の罪に対する罰を、一部の「貪欲な人々」が受け、それをもって罰はやみ、それ以外の人々は生き残りました。その意味で「貪欲な人々」は、それ以外の人々の身代わりに死んだと理解することができ、この物語はあがないの物語として読むことができます。

出エジプト②（カナンへの道）

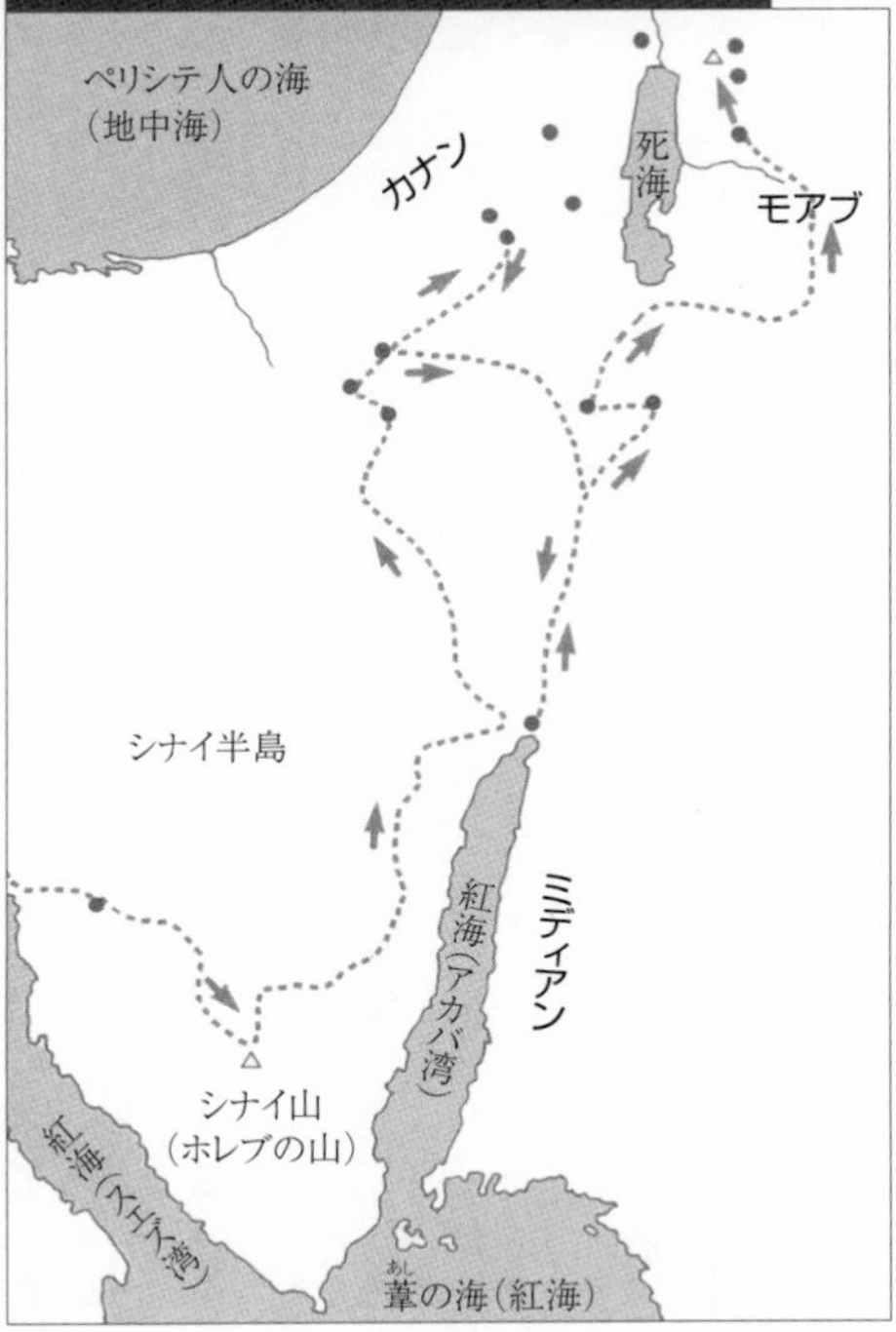

あがないの物語（四）

神ヤハウェはモーセを通してイスラエル人たちに対し、カナンを偵察して来るよう命じました。偵察隊はイスラエル人たちに次のように報告しました。カナンは神ヤハウェが約束した通り「乳と蜜の流れる土地」（出三・八）だったが、住民は強く、町は城壁で囲まれ、それは大層大きかったと。偵察隊の一員であるカレブとヨシュアは、神ヤハウェが命じた通りカナンへ進軍することを主張しましたが、他の偵察者たちは反対しました。イスラエル人たちは不平を言い、エジプトへ帰ろうと言い始めました。

神ヤハウェはイスラエル人たちを疫病で撃ち、モーセだけを生き残らせ、彼を強大な国民にしようとしました。しかしモーセがイスラエル人たちの罪を赦すよう神ヤハウェに乞うたので、神ヤハウェはイスラエル人たちの罪を赦しました。ただし、戸籍に登録された二〇歳以上のイスラエル人たちは、カレブとヨシュア以外は荒れ野で死ぬこと、彼らの子供たちは親たちが死に絶えるまで四〇年間荒れ野で羊飼いとなり、親たちの罪を負うことが宣告されました。それを聞いたイスラエル人たちは、モーセの制止を振り切ってカナンに攻め込みましたが、敵に撃ち破られました（民一三・一－一四・四五）。

当時二〇歳以上のイスラエル人たちは、特に罪深かったから荒れ野で死ぬことになったのでしょうか。たしかに、イスラエル人全体の意思形成に関して、二〇歳以上の人々に特に責任があると言うことは可能でしょう。しかし、二〇歳には責任があって一九歳には責任はないなどいうことは、少なくとも神の視点からは言えないでしょう。旧約物語全体の文脈から考えて、次のように解釈する方が妥当であるように思われます。この罪はイスラエル人全体の罪と考えられている。だから、その罰としてイスラエル人全員が荒れ野で死ぬのが当然であった。しかし理由は分からないが、二〇歳以上の人々が死ぬことによって罰はやんだ、と。その意味で、二〇歳以上の人々は二〇歳未満の人々の身代わりとして死んだと理解することができ、この物語もあがないの物語として読むことができます。

ところで、イスラエル人たちはどのような罪に問われたのでしょうか。たしかに、神ヤハウェに不平を言ったことが罪とされたのでしょう。しかしここではもう少し、不平の内容が問われているように思われます。

カナン進軍に反対した人々は、次のように語っていました。

いや、あの民に向かって上って行くのは不可能だ。彼らは我々よりも強い。

（民一三・三一）

それに対し、カナン進軍を主張したカレブとヨシュアは次のように語っていました。

もし、我々が主《ヤハウェ》の御心に適うなら、主《ヤハウェ》は我々をあの土地に導き入れ、あの乳と蜜の流れる土地を与えてくださるであろう。

（民一四・八）

系図（ヤコブからヨシュアまで）

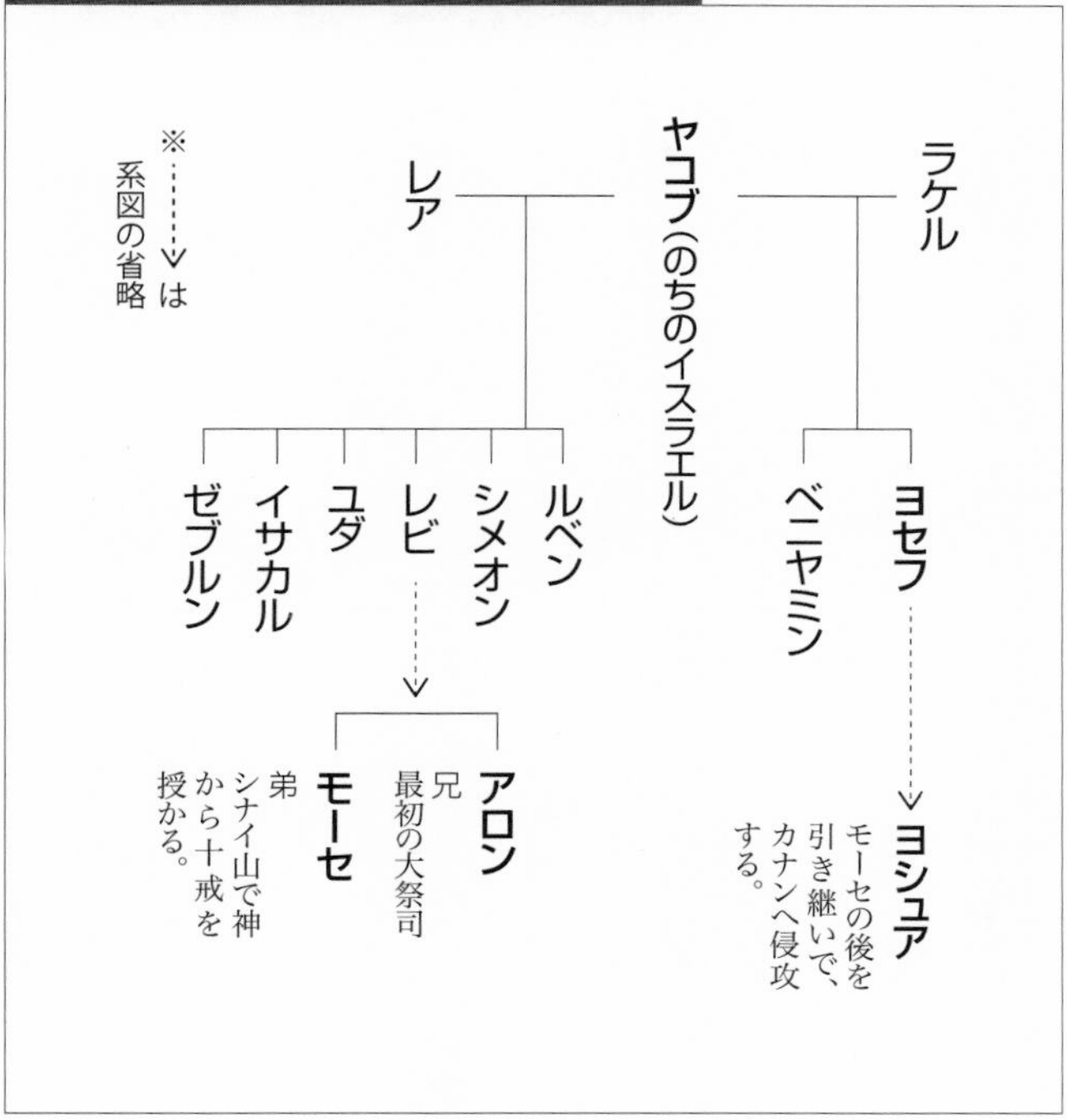

つまり、罪を犯したと考えられたイスラエル人たちは、カナンで戦うのは自分たちであると考えていました。だから、自分たちよりもカナンの人々の方が強そうなので、負けてしまうからカナンには進軍しないという考えでした。それに対して、罪を犯していないとされたカレブとヨシュアは、神ヤハウェがカナンで戦い、カナンをイスラエル人たちに与えると考えていました。だから、神ヤハウェはカナンの人々よりも強いので、カナンに進軍すべきであると考えたのでしょう。実際このような考えに呼応して、神ヤハウェは次のように語りました。

この民は、いつまでわたしを侮るのか。彼

らの間で行ったすべてのしるしを無視し、いつまでわたしを信じないのか。

（民一四・一一）

神ヤハウェは「彼ら（イスラエル人たち）の間で行ったすべてのしるし」において、つねに自ら戦っていました。すでに出エジプトの最初、葦《あし》の海での出来事において、モーセは「主《ヤハウェ》があなたたちのために戦われる。あなたたちは静かにしていなさい」（出一四・一四）と語り、エジプト人たちも、「主《ヤハウェ》が彼ら（イスラエル人たち）のためにエジプトと戦っておられる」（出一四・二五）と語りました。またイスラエル人たちがアマレク人たちに勝利したとき、モーセは「主《ヤハウェ》は代々アマレクと戦われる」（出一七・一六）と語りました。

このように、ここでイスラエル人たちが犯したとされている罪とは、たとえどんなにイスラエル人たち自身が戦っているように見えようとも、戦っているのはイスラエル人ではなく神ヤハウェであると信じられないことであったと考えられます。たしかに、海が割れたあの葦の海での奇跡において、エジプト人と戦ったのは神ヤハウェであると信じることはできたかもしれません。しかし、アマレク人との戦いにおいて、あるいは、これからあると予想されるカナンの人々との戦いにおいて、戦うのは神ヤハウェであると信じることは難しいことでしょう。どう見てもイスラエル人たちが戦っているようにしか見えないからです。しかしそれを、神ヤハウェが戦っていると見なすことを神ヤハウェはイスラエル人たちに求めているように思われます。

あがないの物語（五）

コラ、ダタン、アビラム、オンは、集会の招集者、共同体の指導者たち二五〇人とともにモーセに反逆しました。これに対して神ヤハウェはモーセとアロンに、「この共同体と分かれて立ちなさい。わたしは直ちに彼らを滅ぼす」

サンドロ・ボッティチェリ「反逆者たちの懲罰」
バチカン、システィーナ礼拝堂

と言いました（民一六・二二）。ということは、神ヤハウェは、コラらの反逆を彼らだけの罪とはせず、モーセとアロン以外のイスラエル人たち全体の罪と考えたと思われます。しかしモーセが「あなた（神ヤハウェ）は、一人が罪を犯すと、共同体全体に怒りを下されるのですか」と言うと（民一六・二二）、神ヤハウェはモーセに「コラ、ダタン、アビラムの住まいの周りから離れるよう、共同体に告げなさい」と言いました（民一六・二四）。すると彼らの足もとの大地が裂け、彼らと彼らに属するものは生きたまま陰府《よみ》に落ち、地がそれを覆いました。また、彼らの仲間二五〇人を火が焼き尽くしました。

この物語は、結局は罪を犯した人だけが罰せられた物語であると理解すべきではないように思われます。なぜなら、生きたまま陰府に落ちた「彼らに属するもの」には、罪を直接犯していない彼らの家族も含まれていると考えられるからです。というのも、大地が裂ける前にダタンとアビラムは、彼らの妻子、幼児とともに天幕の入り口に立っていたからです（民一六・二七）。つまりこの物語もやはり、神ヤハウェがイスラエル人全体を滅ぼし尽くし、モーセとアロンだけを生き残そうとしたが、モーセの願いにより一部のイスラエル人たちが滅ぼされるだけで罰がやんだ物語と理解すべきであるように思われます。この点でこの物語はあがないの物語として読むことができます。
では、コラらのモーセに対する反逆はどのような罪であったと考えられているのでしょうか。コラらはモーセとアロンに次のように言っていました。

あなたたちは分を越えている。共同体全体、彼ら全員が聖なる者であって、主《ヤハウェ》がその中におられるのに、なぜ、あなたたちは主《ヤハウェ》の会衆の上に立とうとするのか。（民一六・三）

これを見る限り、コラらはモーセとアロンの特権的地位を批判しているように見えます。しかし、彼らの批判はもっと具体的なものであるということが、コラに対するモーセの返答から推測されます。

イスラエルの神はあなたたちをイスラエルの共同体から取り分けられた者として御自身のそばに置き、主《ヤハウェ》の幕屋の仕事をし、共同体の前に立って彼らに仕えさせられる。あなたたちはそれを不足とするのか。主《ヤハウェ》は、あなたとあなたの兄弟であるレビの子らをすべて御自身のそばに近づけられたのだ。その上、あなたたちは祭司職をも要求するのか。そのために、あなたとあなたの仲間はすべて、主《ヤハウェ》に逆らって集結したのか。アロンを何と思って、彼に対して不平を言うのか。（民一六・九—一一）

つまりコラらは抽象的にモーセとアロンの特権性を批判しているのではなく、モーセの言葉に基づいてアロンとその子らには祭司職が与えられ、その他のレビ人《びと》には祭司を助ける役割しか与えられなかったという事態（出二八・一、民三・六－一〇など）を批判しているように思われるのです。

ではさらに具体的にコラらは、このような事態のどういう面を批判しているのでしょうか。モーセがアロンとその他のレビ人たちに区別をもたらしたというその二重の特権性を批判しているのでしょうか。そのような区別が神ヤハウェに由来するものであっても、彼らは同じように批判するでしょうか。この疑問を解くカギは、ダタンとアビラムのモーセに対する次の言葉の中にあるように思われます。

あなたは我々を乳と蜜の流れる土地から導き上って、この荒れ野で死なせるだけでは不足なのか。我々の上に君臨したいのか。あなたは我々を乳と蜜の流れる土地に導き入れもせず、畑もぶどう畑も我々の嗣業《しぎょう》〔財産〕としてくれない。あなたはこの人々の目をえぐり出すつもりなのか。

（民一六・一三－一四）

ここでダタンとアビラムは出エジプトを、「乳と蜜の流れる土地（ここでは皮肉にもエジプトのこと）から導き上って、この荒れ野で死なせる」ことと否定的に評価した上で、神ヤハウェの救いの約束が実現されず、乳と蜜の流れる土地カナンに入れない現状を、神ヤハウェのせいではなくモーセのせいにしています。つまり彼らは、苦しい現状を前に、モーセの言葉と神ヤハウェとのつながりを疑問視しているのです。

確かにモーセ自身、初めて神ヤハウェに会ったとき次のように語っていました。

それでも彼らは、「主《ヤハウェ》がお前などに現れるはずがない」と言って、信用せず、わたしの言うことを聞かないで

しょう。　（出四・一）

モーセがこのように言うと、神ヤハウェは彼に、現状を打開する奇跡を起こす力を与えました。つまり、元王子とはいえ、殺人逃亡犯であり、他のイスラエル人たちからも嫌われていたモーセが（出二・一一－一五）、神ヤハウェとつながっているということは、神ヤハウェから彼に前述のような奇跡的な力が与えられなければ、人々には信用されなかったのでしょう。しかし今の場面では、ダタンとアビラムが言う通り、ただただ苦しい現状があるだけであり、そこでモーセは何ら奇跡的な力で現状を打開することができません。だから彼と神ヤハウェとのつながりが疑われるのは当然のことでしょう。しかしここではそのように、神が語りかけるはずのない人が語った神の言葉が現状を打開できないときに、それでもそれが神の言葉であるということを疑うことが罪と考えられているのだと思われます。

罪のない人はいない（一）

イスラエル人たちは再びモーセとアロンに逆らい、彼らに次のように言いました。

なぜ、こんな荒れ野に主《ヤハウェ》の会衆を引き入れたのです。我々と家畜をここで死なせるためですか。なぜ、我々をエジプトから導き上らせて、こんなひどい所に引き入れたのです。ここには種を蒔《ま》く土地も、いちじくも、ぶどうも、ざくろも、飲み水さえもないではありませんか。　（民二〇・四－五）

すると神ヤハウェは、モーセに水を出させ、イスラエル人たちに水を与えました。

今回の出来事で大変特徴的なのは、モーセが神ヤハウェの命令に従ってイスラエル人たちに水を与えた後、神ヤハウェが今度はモーセとアロンを罰したことです。

主《ヤハウェ》はモーセとアロンに向かって言われた。「あなたたちはわたしを信じることをせず、イスラエルの人々の前に、わたしの聖なることを示さなかった。それゆえ、あなたたちはこの会衆を、わたしが彼らに与える土地に導き入れることはできない」（民二〇・一二）

後半部分は、モーセとアロンが約束の地カナンに入れないことを意味しています。これが彼らに対する罰です。この罰に対応する罪が語られているのが前半部分です。ここを見ますと、モーセとアロンは二つのこと、すなわち、神ヤハウェを信じることと、神ヤハウェが聖なることを示すことをしなかったかのように読めます。しかし原文はそうなっていません。原文では、「聖なることを示す」という意味の動詞カーダシュは、レという前置詞とともに、不定詞合成形で用いられています。なので、この前半部分を直訳的に訳せば、「あなたたちはイスラエルの人々の前にわたしの聖なることを示すために、私を信じることをしなかった」あるいは、「あなたたちはわたしを信じて、イスラエルの人々の前にわたしの聖なることを示さなかった」となります。

いったいモーセとアロンのどのような点がこのように非難されているのでしょうか。一つ考えられるのは、この場面における神ヤハウェのモーセに対する命令と、モーセの言動とのずれです。神ヤハウェはモーセに次のように命令しました。

あなたは杖《つえ》を取り、兄弟アロンと共に共同体を集め、彼らの目の前で岩に向かって、水を出せと命じなさい。あなたはその岩から彼らのために水を出し、共同体と家畜に水を飲ませるがよい。

（民二〇・八）

それに対してモーセは次のように発言し行動しました。

モーセは、命じられたとおり、主《ヤハウェ》の御前から杖を取った。そして、モーセとアロンは会衆を岩の前に集めて言った。「反逆する者らよ、聞け。この岩からあなたたちのために水を出さねばならないのか」。モーセが手を上げ、その杖で岩を二度打つと、水がほとばしり出たので、共同体も家畜も飲んだ。

（民二〇・九－一一）

問題になると思われるのは、「反逆する者らよ、聞け。この岩からあなたたちのために水を出さねばならないのか」というモーセの発言です。なぜならこの発言は神ヤハウェから命令されたものではなく、モーセ独自の発言であると思われるからです。

この発言の最後の部分「水を出さねばならないのか」は、原文ではヤーツァーという動詞の派生形で、直訳すれば「（わたしたちは）水を出すのだろうか」となります。この部分を多くの訳は新共同訳と同じように訳しています。フランシスコ会訳は「水を湧き出させることができるのだろうか」と訳しています。これらのような訳がなされるのは、この箇所の冒頭に「反逆する者らよ」があるからでしょう。つまり、モーセとアロンは、神ヤハウェに反逆する者であるイスラエル人たちのために水を出すことは不当であると考えて、「（わたしたちは）水を出すのだろうか」と言っているという解釈に基づいて、これらの諸訳はなされていると考えられます。

この解釈の可否は別にしても、モーセとアロンが、自分たちがこれから岩から水を出すということについて、何らかの疑いを持っていることは間違いないでしょう。「か」という疑問詞がそのことを端的に表しています。そしてこの疑いこそが、「あなたたちはわたしを信じることをせず」と神ヤハウェから非難されていることなのではないでしょうか。原文に忠実に言えば、「あなたたちはわたしを信じて、イスラエルの人々の前にわたしの聖なることを示さなかった」と非難されている内容なのではないでしょうか。

すなわち、「イスラエルの人々の前にわたしの聖なることを示」すとは、ここでは、彼らの前で水を出すことを指していると思われます。そのような行動をモーセは確かにしました。けれども、モーセはそれを、「わたしを信じて」していないということが非難されているように思われます。そして諸訳の解釈に従えば、このようなことをする神ヤハウェの考えは不当だとモーセとアロンは考えているようですが、そのことが非難されているということになるように思われます。

しかしながら、聖書の他の箇所では、ここでモーセとアロンが神から罰せられた理由について、これとは一見異なる解釈をしています。

主《ヤハウェ》は、あなたたち〔イスラエル人たち〕のゆえにわたし〔モーセ〕に対しても激しく憤って言われた。「あなた〔モーセ〕もそこ〔カナン〕に入ることはできない」（申一・三七）

しかし主《ヤハウェ》は、あなたたち〔イスラエル人たち〕のゆえにわたし〔モーセ〕に向かって憤り、祈りを聞こうとされなかった。（申三・二六）

主《ヤハウェ》はあなたたち〔イスラエル人たち〕のゆえにわたし〔モーセ〕に対して怒り、わたしがヨルダン川を渡ることも、あなたの神、主《ヤハウェ》からあなたに嗣業として与えられる良い土地〔カナン〕に入ることも決してない、と誓われた。

（申四・二一）

彼ら〔イスラエル人たち〕はメリバの水のほとりで主《ヤハウェ》を怒らせた。彼らをかばったモーセは不幸を負った。

（詩一〇六・三二）

申命記では、モーセはイスラエル人たちのゆえに罰を与えられたと解釈されています。このような解釈と、前述のわたしたちの解釈とは整合するでしょうか。それは可能であるように思われます。なぜなら、そもそもモーセが、イスラエル人たちのために水を出すことが不当であると考えたのは、イスラエル人たちが神ヤハウェに反逆したからでした。最後の詩編の箇所も、新共同訳では「彼らをかばったモーセは」となっていますが、これはかなりの意訳で、原文を直訳すれば「彼ら（イスラエル人たち）のためにモーセは」となるので、申命記の解釈と何ら変わりありません。

以上のようにこの物語では、神ヤハウェに反逆し罪を犯したイスラエル人たちは神ヤハウェに罰せられず、逆に、彼らの不平に応じて水を与え、養い、生き残すことを不当だと考えたモーセとアロンが罰せられました。しかし、これまでモーセほど、罪深いイスラエル人たちを生き残すよう神ヤハウェに求めてきた人はいませんでした。だから、今回のモーセとアロンの発言は本当にはずみで、ついついなされた発言であると理解されるべきであるように思われます。しかしそれにもかかわらず、そのような発言も、神ヤハウェの目から見れば、約束の地に入れないという重い罰に値する罪のようです。モーセほどの人が罪を免れないのなら、いったい誰が罪を免れるというのでしょうか。

罪のない人はいない（二）

モアブ王バラクは、アモリ人を倒したイスラエル人たちに恐怖を感じ、アマウ人霊能者バラムに、イスラエル人たちを呪うよう依頼しました。しかし神ヤハウェがバラムに、「この民を呪ってはならない。彼らは祝福されているから」（民二二・一二）と告げたので、バラムはバラクに、「たとえバラクが、家に満ちる金銀を贈ってくれても、わたしの神、主《ヤハウェ》の言葉に逆らうことは、事の大小を問わず何もできません」（民二二・一八）、「わたしは、神がわたしの口に授けられる言葉だけを告げねばなりません」（民二二・三八）と返答しました。バラムはバラクに、イスラエル人たちを呪うため、イスラエル人たちが見える丘の上に三回連れて行かれましたが、イスラエル人たちを呪うことはなく、丘の頂で神ヤハウェから与えられた託宣を述べてイスラエル人たちを祝福しました。

その託宣の中でバラムは次のような不思議な言葉を語りました。

わたしは正しい人が死ぬように死に、わたしの終わりは彼らと同じようでありたい。（民二三・一〇）

ここで語られている「正しい人」とは、どのような人のことでしょうか。原語ヤーシャールは、神ヤハウェの目から見て正しいという意味で使われることが多い形容詞です。ここでもそのような意味で使われていると思われます。つまり、神ヤハウェの命令通り、バラクの依頼に従ってイスラエル人たちを呪うのではなく、逆に彼らを祝福するような人のことを指しているでしょう。このような人として死にたいとバラムは言っていると思われます。

ところが、バラムは後にイスラエル人たちによって、神ヤハウェの敵として殺されたことが、同じ民数記の少し後の箇所で語られます。すなわち、イスラエル人たちはモアブ人の娘たちに招かれ、ペオルのバアルという彼女たちの神を拝みました（民二五・一－三）。このことに関連して神ヤハウェはモーセに対し、ミディアン人たちに報復するよう命令しました。イスラエル人たちはミディアン人の男たちを皆殺しにしましたが、そのときバラムも殺害されました（民二五・一六－一八、三一・一－八）。しかもバラムはモーセによって、この事件の首謀者と見なされました（民三一・一六）。

もしモーセが言っていることが本当ならば、あれほど神ヤハウェに従う人として描かれたバラムでさえ罪を犯し、その結果神ヤハウェの敵として殺されたということになります。一方もしモーセの言っていることが間違いならば、モーセほどの人でさえ、神ヤハウェに従う罪のない人を、神ヤハウェの敵として殺したことになります。真相はどちらなのかは分かりませんが、いずれにしてもこの物語は、どんなに罪のなさそうな人でも罪を犯すという考えを表しているように思われます。

ところで、イスラエル人ではなくアマウ人であるバラムは、なぜこれほどまでに神ヤハウェに従おうとしたのでしようか。そのヒントはやはり、彼が語った託宣の中にあるように思われます。

あなたを祝福する者は祝福され、あなたを呪う者は呪われる。（民二四・九）

「あなた」はイスラエル人たちを指しています。つまり、イスラエル人でなくても、イスラエル人たちを祝福する者は祝福されるというのです。だから、イスラエル人でないバラムも、イスラエル人たちを祝福したのでしょう。このような考えは次の神ヤハウェの言葉に通じます。

あなたを祝福する人をわたしは祝福し、あなたを呪う者をわたしは呪う。地上の氏族はすべて、あなたによって祝福に入る。（創一二・三）

これは神ヤハウェが初めてアブラムに語りかけた言葉の一部です。

四

申命記

神ヤハウェが戦う（一）

前述の「あがないの物語（四）」（65ページ）と同様の物語が申命記にも登場します。すなわち、イスラエル人たちはカナンに偵察隊を派遣し（ここでは自分たちの意志で派遣しています）、そこが良い土地であることを確認しましたが、神ヤハウェの命令通りそこに攻め入ろうとはせず、天幕で不平を言い合いました。それは、「そこの住民は我々よりも強くて背が高く、町々は大きく、城壁は天に届くほど」（申一・二八）だったという偵察隊の報告があったからでした。神ヤハウェはこのような不平を聞いて憤り、「この悪い世代の人々のうちで、わたしが与えると先祖に誓った良い土地を見る者はない」（申一・三五）と誓いました。モーセも例外ではありませんでした。カナンに入れるのは例外的にカレブとヨシュア、それから、当時の乳飲み子、子供たちだけでした。これに対してイスラエル人たちは、神ヤハウェの制止を振り切ってカナンに攻め入りましたが、敵に撃ち破られました。

「あがないの物語（四）」では、イスラエル人たちの発言とカレブ、ヨシュアの発言とが比較されました。すなわち、罪を犯したと考えられたイスラエル人たちが、カナンで戦うのは自分たちであると考えていたのに対し、罪を犯していないとされたカレブとヨシュアは、神ヤハウェがカナンで戦い、カナンをイスラエル人たちに与えると考えていました。この箇所では、イスラエル人たちの発言とモーセの発言が対比されていると思われます。モーセはここでイスラエル人たちに次のように語りました。

わたしはあなたたちに言った。「うろたえてはならない。彼らを恐れてはならない。あなたたちに先立って進まれる神、主《ヤハウェ》御自身が、エジプトで、あなたたちの目の前でなさったと同じように、あなたたちのために戦われる。また荒れ野でも、あなたたちがこの所に来るまでたどった旅の間中も、あなたの神、主《ヤハウェ》は父が子を背負うように、あなたを背負ってくださったのを見た」（申一・二九－三一）

モーセはまた、申命記の他の箇所でも次のように語っています。

彼らを恐れてはならない。あなたたちの神、主《ヤハウェ》が自らあなたたちのために戦ってくださる。（申三・二二）

あなたたちの神、主《ヤハウェ》が共に進み、敵と戦って勝利を賜るからである。（申二〇・四）

ここでは、「あがないの物語（四）」以上に、カナンにおいて、イスラエル人たちではなく神ヤハウェ自身が戦うという考えが、エジプトや荒れ野でこれまで起きたさまざまな出来事をふまえ、きわめて明確に示されていると思われます。

あえて罪を犯させる（一）

民数記二一章一〇‐三一節には次のような話が載せられています。イスラエル人たちはアモリ人の王シホンに使者を遣わし、彼の領内を通過することを許可するよう彼に願い出ましたが、彼はそれを拒否し、進軍してきたので、イスラエル人たちは彼を殺し、彼の領土を占領しました。

申命記にもこれと同様の物語が載せられていますが、民数記の箇所と異なる点が二つあります。一つは、イスラエル人たちがシホンに使者を遣わす前に、神ヤハウェがイスラエル人たちに次のように語ったことです。

見よ、わたしはヘシュボンの王アモリ人シホンとその国をあなたの手に渡した。シホンに戦いを挑み、占領を開始せよ。（申二・二四）

もう一つは、イスラエル人たちの願い出をシホンが拒否したとき、そのことについてモーセが次のように説明した点です。

しかし、ヘシュボンの王シホンは我々が通過することを許さなかった。あなたの神、主《ヤハウェ》が彼の心をかたくなにし、強情にしたからである。それは今日、彼をあなたの手に渡すためであった。（申二・三〇）

出エジプト③（ヘシュボンへ）

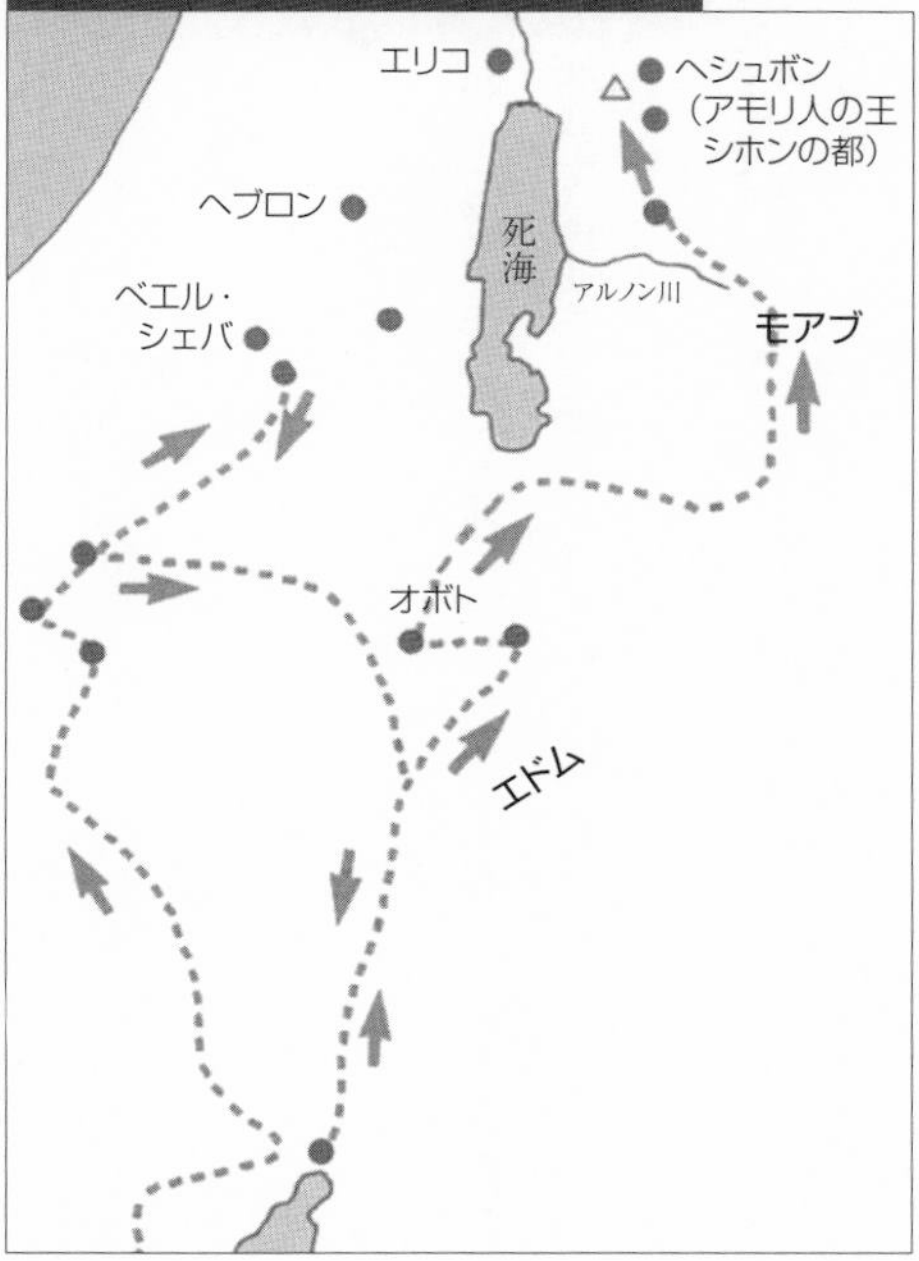

つまり、イスラエル人たちがシホンに使者を遣わし、彼の領土を通過することを許可するよう願い出る前から、イスラエル人たちとシホンは戦になり、神ヤハウェによってイスラエル人たちがシホンに勝利することは決まっていたのです。だから、イスラエル人たちが使者を遣わしたのは、イスラエル人たちがシホンの領土を通過するためではなく、シホンがそれを拒否するのをきっかけに戦を始めるためでした。神ヤハウェがシホンの心をかたくなにしたとモーセが説明したのも、イスラエル人たちの願い出をシホンが拒否することが初めから決まっていたからでしょう。

この物語は、神ヤハウェがシホンにあえて罪を犯させ、それを罰した点で、本書で**「二．出エジプト記」**の冒頭に出てきた**「唯一の創造者（一）」**（49ページ）の箇所と類似しています。この箇所では、神ヤハウェが、ファラオにあえて罪を犯させ、それを罰したのは、神ヤハウェが唯一創造神であることを知らせるためでした。では今わたしたちが取り組んでいる箇所では、神ヤハウェは何のためにシホンにあえて罪を犯させ、それを罰したのでしょうか。それは次の箇所から明らかになるように思われます。

今日わたしは天下の諸国民があなたに脅威と恐れを抱くようにする。彼らはあなたのうわさを聞いて、震えおののくであろう。（申二・二五）

これは、シホンに対する勝利を神ヤハウェが最初にイスラエル人たちに予告した直後の言葉です。つまり、神ヤハウェがシホンにあえて罪を犯させ、それを罰したのは、カナン周辺の諸国民が脅威と恐れを抱き、震えおののくためでした。なぜ神ヤハウェはそのようにしたのでしょうか。それは当然、イスラエル人たちに対する救いの約束を実現するためでしょう。実際、神ヤハウェはシナイ山でモーセに次のように語りました。

わたしは、あなたの前にわたしの恐れを送り、あなたが入って行く土地の民をすべて混乱に陥れ、あなたの敵をすべて敗走させる。（出二三・二七）

またイスラエル人たちが最初にカナンに侵攻しようとしてエリコを偵察したとき、遊女ラハブは次のように語りました。

主《ヤハウェ》がこの土地をあなたたちに与えられたこと、またそのことで、わたしたちが恐怖に襲われ、この辺りの住民は皆、おじけづいていることを、わたしは知っています。あなたたちがエジプトを出たとき、あなたたちのために、主《ヤハウェ》が葦《あし》の海の水を干上がらせたことや、あなたたちがヨルダン川の向こうのアモリ人の二人の王に対してしたこと、すなわち、シホンとオグを滅ぼし尽くしたことを、わたしたちは聞いています。それを聞いたとき、わたしたちの心は挫《くじ》け、もはやあなたたちに立ち向かおうとする者は一人もおりません。（ヨシュア二・九－一一）

つまり神ヤハウェは、あえて罪を犯させ、それを罰するという仕方によっても、救いの約束を実現するのです。

残りの者は救われる

本書「二．出エジプト記」の二番目の箇所「苦難の意義付け」（53ページ）の箇所と同様、この箇所でも、シナイ山（ホレブの山）で神ヤハウェから与えられた律法をイスラエル人たちが守ることが、神ヤハウェによる救いの約束が実現される条件であると、モーセによって明確に示されます。

イスラエルよ。今、わたしが教える掟《おきて》と法を忠実に行いなさい。そうすればあなたたちは命を得、あなたたちの先祖の神、主《ヤハウェ》が与えられる土地に入って、それを得ることができるであろう。
（申四・一）

そして、またここでも、律法の内容は、その最初の部分である十戒（申五・一－二二）の第一戒「わたしをおいてほかに神があってはならない」（申五・七）に極まるように思われます。

あなたは、今日、上の天においても下の地においても主《ヤハウェ》こそ神であり、ほかに神のいないことをわきまえ、心に留め、今日、わたしが命じる主《ヤハウェ》の掟と戒めを守りなさい。そうすれば、あなたもあなたに続く子孫も幸いを得、あなたの神、主《ヤハウェ》がとこしえに与えられる土地で長く生きる。
（申四・三九－四〇）

さらにここでモーセは、もし逆に律法を守らなければ、イスラエル人たちは神ヤハウェによって滅ぼされると明言しています。ここでは特に第二戒「あなたはいかなる像も造ってはならない」（申五・八）が強調されています。

あなたが子や孫をもうけ、その土地に慣れて堕落し、さまざまの形の像を造り、あなたの神、主《ヤハウェ》が悪と見なされることを行い、御怒りを招くならば、わたしは今日、あなたたちに対して天と地を呼び出して証言させる。あなたたちは、ヨルダン川を渡って得るその土地から離されて速やかに滅び去り、そこに長く住むことは決してできない。必ず滅ぼされる。

（申四・二五－二六）

では、ここで語られているようにイスラエル人たちが、神ヤハウェによって滅ぼされるということは、神ヤハウェによる救いの約束が実現されないということを意味するのでしょうか。確かに、滅ぼされるということが、滅ぼし尽くされるということを意味するのであるならばそうでしょう。実際ここで「滅び去る」と訳されている原語アーバドと、「滅ぼされる」と訳されている原語シャーマドのニフアル形は、どちらもその前に、その語の不定詞独立用法が置かれています。だから前者アーバドは口語訳のように「全滅する」、後者シャーマドは同じく口語訳のように「全く滅ぼされる」、また新改訳のように「根絶やしにされる」と訳すことができます。

しかしこれらの翻訳はあまり適切ではないように思われます。実際モーセは、イスラエル人たちの滅亡の可能性について語った上記の箇所で、続いて次のように述べています。

主《ヤハウェ》はあなたたちを諸国の民の間に散らされ、主《ヤハウェ》に追いやられて、国々で生き残る者はわずかにすぎないであろう。

（申四・二七）

ここでは、「生き残る者はわずかにすぎないであろう」と語られています。ということは、イスラエル人たちは律法を守らなくても、滅ぼし尽くされることはなく、わずかながらでも生き残るということになります。実際原文には「にすぎない」という表現はありません。直訳は「わずかに生き残るだろう」です。だから、不定詞独立用法がその前に置かれている前述のアーバドと、シャーマドのニファアル形は、「確かに滅ぶ」「確かに（必ず）滅ぼされる」などと訳されるべきでしょう。

では、生き残ったイスラエル人たちは一体どうなるのでしょうか。やはり律法を守らなければ、多くのイスラエル人たちは再び滅ぼされてしまうはずです。

しかしあなたたちは、その所からあなたの神、主《ヤハウェ》を尋ね求めねばならない。心を尽くし、魂を尽くして求めるならば、あなたは神に出会うであろう。これらすべてのことがあなたに臨む終わりの日、苦しみの時に、あなたはあなたの神、主《ヤハウェ》のもとに立ち帰り、その声に聞き従う。

（申四・二九－三〇）

「神に出会う」と、「あなたの神、主《ヤハウェ》のもとに立ち帰り、その声に聞き従う」はほぼ同じ内容を意味していると理解して良いでしょう。それはつまり、神ヤハウェから与えられた律法を守れるようになるということでしょう。ではどうすればそうなるのでしょうか。それは、神ヤハウェを「心を尽くし、魂を尽くして求め」ればそうなると語られています。

それは、自分たちの熱意によって、自力でそうなることができるというよりも、むしろ、彼らの熱意に答えた神ヤハウェがそうさせるという意味で語られているように思われます。なぜなら、続く箇所では次のように語られているからです。

あなたの神、主《ヤハウェ》は憐れみ深い神であり、あなたを見捨てることも滅ぼすことも、あなたの先祖に誓われた契約を忘れられることもないからである。
（申四・三一）

さらに、前述の「心を尽くし、魂を尽くして求めるならば」の「ならば」の原語キーは、「ので」「から」と訳すこともできます。そのように理解すると、心を尽くし、魂を尽くして求める熱意もまた神から来ると理解することができます。実際、新改訳（二〇〇一年）はこの箇所を次のように訳しています。

そこから、あなたがたは、あなたの神、主《ヤハウェ》を慕い求め、主《ヤハウェ》に会う。あなたが、心を尽くし、精神を尽くして切に求めるようになるからである。
（申四・二九）

神の言葉によって生きる

あなたの神、主《ヤハウェ》が導かれたこの四十年の荒れ野の旅を思い起こしなさい。こうして主《ヤハウェ》はあなたを苦しめて試し、あなたの心にあること、すなわち御自分の戒めを守るかどうかを知ろうとされた。
（申八・二）

この箇所の原文を見ると、「こうして」は、神ヤハウェが「あなた」、つまりイスラエル人たちに四〇年間荒れ野を行かせたという出来事を指しています。そしてこの「こうして」より後の部分では、神ヤハウェがそのようなことをした目的が語られています。最初に語られるのは、イスラエル人たちを苦しめ（原語では「卑しめ」）、試みる（テストする）という目的です。では何のために苦しめ試みたかということで、次にさらにその目的が語られます。それは、「あなた」（イスラエル人たち）の心にあること、すなわち自身の戒め（命令）を守るかどうかを知ることです。

イスラエル人たちが神ヤハウェの命令を守るかどうかを知るために、神ヤハウェがイスラエル人たちを苦しめて試したという話は、ここまでたびたび出て来たと思われます。たとえば本書「三．民数記」の冒頭「あがないの物語（三）」（61ページ）の箇所では、次のように語られていました。

民に加わっていた雑多な他国人は飢えと渇きを訴え、イスラエルの人々も再び泣き言を言った。「誰か肉を食べさせてくれないものか。エジプトでは魚をただで食べていたし、きゅうりやメロン、葱《ねぎ》や玉葱《たまねぎ》やにんにくが忘れられない。今では、わたしたちの唾《つば》は干上がり、どこを見回してもマナばかりで、何もない」（民一一・四－六）

ここでは、神ヤハウェがイスラエル人たちに飢えと渇きという苦しみを与えたのに対して、イスラエル人たちはエジプト時代を肯定し、出エジプトを否定しています。これが神ヤハウェの命令違反であるかどうかは微妙なところですが、この時神ヤハウェはイスラエル人たちにうずらを与え、激しい疫病を起こしてイスラエル人たちを打ちました。

また、同じく「あがないの物語（四）」（65ページ）の箇所に該当する聖書の部分では、次のように語られていました。

「エジプトの国で死ぬか、この荒れ野で死ぬ方がよほどましだった。どうして、主《ヤハウェ》は我々をこの土地に連れて来て、剣《つるぎ》で殺そうとされるのか。妻子は奪われてしまうだろう。それくらいなら、エジプトに引き返した方がましだ」。そして、互いに言い合った。「さあ、一人の頭を立てて、エジプトへ帰ろう」

（民一四・二―四）

ここでは明らかにイスラエル人たちは、カナンに侵攻せよという神ヤハウェの命令に違反しています。ここで神ヤハウェがイスラエル人たちに与えた苦しみ、試しは、カナン偵察です。すなわち、カナンを偵察させ、強そうなカナン人たちをイスラエル人たちに見せることによって、彼らを苦しめ試したと理解することができます。この時神ヤハウェは、二〇歳以上のイスラエル人たちは荒れ野で死ぬこと、彼らの子供たちは四〇年間荒れ野で羊飼いになることを宣告しました。本章「四．申命記」の冒頭「神ヤハウェが戦う（一）」（80ページ）の箇所でも同様のことが語られました。つまり、これらの物語によれば、イスラエル人たちは神ヤハウェが与えた苦しみの中で、神ヤハウェの命令を守れなかったのであり、神ヤハウェのテストに不合格だったと理解することができます。

もしこれで終わりだったら、神ヤハウェがイスラエル人たちに対し、苦しみ、試みを与えたことは、ほぼ無駄だったことになるでしょう。しかし次の三節では、苦しみや、試みを与えるもう一つ理由が語られます。

主《ヤハウェ》はあなたを苦しめ、飢えさせ、あなたも先祖も味わったことのないマナを食べさせられた。人はパンだけで生きるのではなく、人は主《ヤハウェ》の口から出るすべての言葉によって生きることをあなたに知らせるためであった。

（申八・三）

ここでは二節と異なり、「主《ヤハウェ》はあなたを苦しめ、飢えさせ」の後に、「マナを食べさせられた」が付いています。そしてやはりその後の部分で、神ヤハウェがそういうことをした目的が語られます。それは、「人はパンだけで生きるのではなく、人は主《ヤハウェ》の口から出るすべての言葉によって生きることをあなたに知らせるため」でした。

このような話もこれまで何度か出て来たと思われます。たとえば、本書「三．民数記」の冒頭「**あがないの物語（三）**」（61ページ）や、同じく「**罪のない人はいない（一）**」（72ページ）で見た通り、神ヤハウェは、飢え渇いているイスラエル人たちに天からうずらやマナ降らせ、水を与えました。では何のために神ヤハウェはイスラエル人たちに水や食物を与えたのでしょうか。この箇所に該当する聖書の部分では、次のように語られていました。

あなたたちはこうして、わたしがあなたたちの神、主《ヤハウェ》であることを知るようになる。（出一六・一二）

これがメリバ（争い）の水であって、イスラエルの人々が主《ヤハウェ》と争った所であり、主《ヤハウェ》が御自分の聖なることを示された所である。（民二〇・一三）

これらの箇所によれば、神ヤハウェがイスラエル人たちに水や食物を与えたのは、自身が神ヤハウェであること、そして聖なることを示すためでした。本書「二．出エジプト記」の冒頭「**唯一の創造者（一）**」（49ページ）の箇所によれば、自身が神ヤハウェであるとは、具体的には、神ヤハウェが唯一創造神であるということでした。また、本書「三．民数記」の「**罪のない人はいない（一）**」（72ページ）の箇所では、神ヤハウェは聖なるものであると語られていましたが、それは一般的に言えば、神ヤハウェはあらゆる被造物から隔たっているということを意味します。だから、両者が意味するところはかなり近いと理解して良いように思われます。

以上の二つの物語を手掛かりに、「人はパンだけで生きるのではなく、人は主《ヤハウェ》の口から出るすべての言葉によって生きる」という三節の言葉の意味を考えてみましょう。この箇所によれば神ヤハウェは、このことを知らせるために、イスラエル人たちをあえて飢えさせた上で、彼らにマナを食べさせました。だとするなら、そのようにしてマナを食べさせることが、この言葉の意味を示しているのでなければならないでしょう。そうだとすると、「人はパンだけで生きるのではなく」の「パン」は、マナのような食物ではなく、当たり前のようにしてある食物のことを指しているように思われます。それに対して、まさにモーセがマナを指して、「これこそ、主《ヤハウェ》があなたたちに食物として与えられたパンである」（出一六・一五）と語った通り、マナのように神ヤハウェが直接与える食物によって生きることで、「人は主《ヤハウェ》の口から出るすべての言葉によって生きる」ということが示されていると考えられます。

そうすると、ここで語られている「言葉」とは一体何でしょうか。原文は「ヤハウェの口から出るもの」です。口から出るものだから言葉であろうというのが多くの翻訳の解釈です。もしこれが「言葉」を意味するなら、マナのように神ヤハウェが人に直接与え、それによって人を生かすものと、この「言葉」とは、一体どのような関係にあるのでしょうか。本書**「一．創世記」**の冒頭**「創造と罪」**（17ページ）の箇所で見た通り、神ヤハウェは、「～あれ」という「言葉」（考え、知恵、ロゴス）で命じることによって（意志することによって）、すべてのもの（天地）を、命じた通り創造しました。このように考えると、三節の意味は、神ヤハウェは自身が天地万物の創造者であるということを知らせるために、イスラエル人たちをあえて苦しませたということであると理解することができます。

以上のように、申命記八章二、三節によれば、神ヤハウェは次の二つの目的でイスラエル人たちを苦しめたように思われます。一つは、そのような苦しみの中でも自分の命令をイスラエル人たちが守るかどうかテストするためでした。そしてイスラエル人たちはこのテストに何度も落第しました。もう一つは、神ヤハウェこそ天地万物の創造者であり、人間はそのおかげで生きているということを知らせるためでした。実際五節では、神ヤハウェがイスラエル人たちに与えた苦しみが訓練と呼び換えられています。

あなたは、人が自分の子を訓練するように、あなたの神、主《ヤハウェ》があなたを訓練されることを心に留めなさい。

（申八・五）

もし神ヤハウェがイスラエル人たちに与える苦しみが、ただのテストでしかなかったら、訓練とは呼ばれなかったことでしょう。それは、イスラエル人たちが神ヤハウェの目から見て不合格であるということを示すだけのものだったでしょう。神ヤハウェが天地万物の創造者であるということを知らせるために与えたからこそ、苦しみは訓練たり得たように思われます。

幸福とは神を知ること

主《ヤハウェ》はあなたをエジプトの国、奴隷の家から導き出し、炎の蛇とさそりのいる、水のない乾いた、広くて恐ろしい荒れ野を行かせ、硬い岩から水を湧き出させ、あなたの先祖が味わったことのないマナを荒れ野で食べさせてくださった。それは、あなたを苦しめて試し、ついには幸福にするためであった。

（申八・一四－一六）

本章「四．申命記」の「神の言葉によって生きる」（88ページ）の箇所によれば、神ヤハウェはイスラエル人たちを苦しめて試みましたが、彼らはそのテストに合格しませんでした。しかし神ヤハウェは彼らに、苦しみを与えると同時にマナを食べさせました。それは神ヤハウェが天地万物の創造者であることを知らせるためでした。この箇所では、神ヤハウェがマナを食べさせたのは、彼らを「ついに幸福にするため」だったとされています（「幸福にする」は、原文を直訳すると「状況が善くなる」）。神ヤハウェが天地万物の創造者であるということをイスラエル人たちに知らせるということと、彼らをついに幸福にするということとは、どのような関係にあるのでしょうか。

あなたは、「自分の力と手の働きで、この富を築いた」などと考えてはならない。むしろ、あなたの神、主《ヤハウェ》を思い起こしなさい。富を築く力をあなたに与えられたのは主《ヤハウェ》であり、主《ヤハウェ》が先祖に誓われた契約を果たして、今日《こんにち》のようにしてくださったのである。

（申八・一七―一八）

この箇所は少し前の次の箇所とつながっています。

あなたが食べて満足し、立派な家を建てて住み、牛や羊が殖え、銀や金が増し、財産が豊かになって、心おごり、あなたの神、主《ヤハウェ》を忘れることのないようにしなさい。

（申八・一二―一四）

この箇所は、さらにその直前の次の箇所とつながっています。

わたしが今日命じる戒めと法と掟を守らず、あなたの神、主《ヤハウェ》を忘れることのないように、注意しなさい。

(申八・一一)

これらの箇所のつながりは次のように理解することができます。すなわち、神ヤハウェの命令を守るようにとの訓戒(一一節)の一例として、物質的に豊かになっても心おごらないようにとの諭しが与えられています(一二－一四節)。そしてそのことが一七節では、物質的豊かさを自分に帰してはいけないという言い方に換えられており、さらに一八節では、物質的に豊かになる力を与えたのは神ヤハウェだと語られています。

この文脈の中に一四－一六節を置いてみると、この部分は、物質的豊かさに心おごらず、それを自分ではなく神に帰すよう諭している部分にはさまれているのが分かります。この諭しと、一六節の「幸福」とはどのような関係にあるのでしょうか。

バウツ「マナの収集」ベルギー、聖ペテロ大聖堂　祭壇画(部分)

ここでは、物質的豊かさのことを「幸福」と呼んでいると理解することができるようにも見えます。しかしこのような理解は、よく読むと困難であるように思われます。その理由は次の通り。まず、一六節で語られている「幸福」は、神ヤハウェがイスラエル人たちにマナを食べさせた目的でした。それがただ単に物質的豊かさだけを指しているのだとしたら、そのような目的のための手段が、マナを食べさせることであったというのはおかしく思われます。マナを食べさせた目的はやはり前述の**「神の言葉によって生きる」**(88ページ)の箇所で見たように、神ヤハウェが天地万物の創造者であるということをイスラエル人たちに知らせるというようなことがらでなければなりません。

だとするならば、ここで「幸福」と呼ばれているのは、一八節にあるように、「富を築く力をあなたに与えられたのは主《ヤハウェ》であ」るということを知ることであるように思われます。この箇所では幸福が、物質的豊かさではなく、天地万物の創造者は神ヤハウェであり、人間が自分で富を築く力でさえ神ヤハウェが与えると知ることが、幸福であるという考えが示されていると理解することができます。

あえて悟らせない

モーセは、全イスラエルを呼び集めて言った。あなたたちは、主《ヤハウェ》がエジプトの国で、ファラオおよびそのすべての家臣、またその全領土に対してなさったことを見た。あなたはその目であの大いなる試みとしるしと大いなる奇跡を見た。主《ヤハウェ》はしかし、今日まで、それを悟る心、見る目、聞く耳をあなたたちにお与えにならなかった。わたしは四〇年の間、荒れ野であなたたちを導いたが、あなたたちのまとう着物は古びず、足に履いた靴もすり減らなかった。あなたたちはパンを食べず、ぶどう酒も濃い酒も飲まなかった。それは、わたしがあなたたちの神、主《ヤハウェ》であることを、悟らせるためであった。

（申二九・一－五）

この箇所では、神ヤハウェが、ファラオとエジプト全体にしたことを「悟る心、見る目、聞く耳を」、イスラエル人たちに与えなかったと語られています。本書「二．出エジプト記」の冒頭「唯一の創造者（一）」（49ページ）の箇所によれば、神ヤハウェがファラオにあえて罪を犯させ、それを諸々の天災によって罰したのは、自分がヤハウェであるということを知らせるためでした。そして「自分がヤハウェである」とは、神ヤハウェは唯一創造神であるということを意味していました。だとすると、この箇所で「悟る心、見る目、聞く耳を」イスラエル人たちに与えなかったとされているのは、神ヤハウェが唯一創造神であるということを、イスラエル人たちにあえて理解させなかったということを意味していることになるでしょう。

また、この箇所によれば、神ヤハウェは四〇年間荒れ野でイスラエル人たちにパンも酒も与えませんでしたが、それも「わたしがあなたたちの神、主《ヤハウェ》であることを、悟らせるため」でした。つまり、本書「二．出エジプト記」の冒頭「唯一の創造者（一）」（49ページ）の箇所に従って言えば、神ヤハウェが唯一創造神であるということを悟らせるために、パンも酒も与えなかったことになります。実際、本書「四．申命記」の「神の言葉によって生きる」（88ページ）の箇所でも、神ヤハウェが荒れ野でイスラエル人たちを飢えさせたのは、自身が天地万物の創造者であるということを知らせるためであったとされていました。

つまり、以上の理解に従えば、神ヤハウェがファラオとエジプト全体にしたことも、四〇年間荒れ野でイスラエル人たちにパンも酒も与えなかったことも、自身が唯一創造神であるということを知らせるためだったということになります。しかしそれにもかかわらず、神ヤハウェはこのことを理解する能力をこれまで彼らに与えませんでした。

では、今モーセの言葉を聞いているこのときはどうなのでしょうか。それは、この箇所では明らかにされていません。しかし少なくとも言えることは、神ヤハウェはエジプトにおいて、自分が唯一創造神であることを知らせるためにファラオにあえて罪を犯させ罰しているのに、それを理解する能力をイスラエル人たちにあえて与えていなかったということです。言い換えれば、神ヤハウェは、ファラオにあえて罪を犯させてこれを罰したのと同じように、イスラエル人たちにもあえて罪を犯させていると言うことができるでしょう。そしてこの罪を荒れ野において罰したということになるでしょう。

同士討ちとしての戦争・殺人（一）

もしあなた〔イスラエル人たち〕が、あなたの神、主《ヤハウェ》を忘れて他の神々に従い、それに仕えて、ひれ伏すようなことがあれば、わたしは、今日、あなたたちに証言する。あなたたちは必ず滅びる。主《ヤハウェ》があなたたちの前から滅ぼされた国々〔カナンの人々〕と同じように、あなたたちも、あなたたちの神、主《ヤハウェ》の御声に聞き従わないがゆえに、滅び去る。

（申八・一九－二〇）

この箇所によれば、イスラエル人たちは、もし神ヤハウェを忘れて他の神々に従い、神ヤハウェに従わなければ、カナンの人々と同様に滅ぼされます。そうだとすると、カナンの人々がイスラエル人たちに滅ぼされるのも、神ヤハウェに従わないからであって、それは、カナンの人々を滅ぼすイスラエル人たちもまた、神ヤハウェに従わなければ滅ぼされるのと、まったく同様であるということになります。実際、次の箇所では、神ヤハウェがカナンの人々を追い出してイスラエル人たちがカナンを得るのは、カナンの人々が神ヤハウェに逆らうからであって、イスラエル人たちが正しいからではないと繰り返し強調されます。

あなたの神、主《ヤハウェ》があなたの前から彼らを追い出されるとき、あなたは、「わたしが正しいので、主《ヤハウェ》はわたしを導いてこの土地を得させてくださった」と思ってはならない。この国々の民が神に逆らうから、主《ヤハウェ》があなたの前から彼らを追い払われるのである。あなたが正しく、心がまっすぐであるから、行って、彼らの土地を得るのではなく、この国々の民が神に逆らうから、あなたの神、主《ヤハウェ》が彼らを追い払われる。またこうして、主《ヤハウェ》はあなたの先祖、アブラハム、イサク、ヤコブに誓われたことを果たされるのである。あなたが正しいので、あなたの神、主《ヤハウェ》がこの良い土地を与え、それを得させてくださるのではないことをわきまえなさい。あなたはかたくなな民である。

（申九・四―六）

そして申命記の最後の方の箇所では、実際にイスラエル人たちがカナンで外国の神々を求め、神ヤハウェを捨てるので、神ヤハウェに捨てられ、多くの災いと苦難に襲われるということが予言されます。

主《ヤハウェ》はモーセに言われた。「あなたは間もなく先祖と共に眠る。するとこの民は直ちに、入って行く土地で、その中の外国の神々を求めて姦淫を行い、わたしを捨てて、わたしが民と結んだ契約を破るであろう。その日、この民に対してわたしの怒りは燃え、わたしは彼らを捨て、わたしの顔を隠す。民は焼き尽くされることになり、多くの災いと苦難に襲われる。その日民は、『これらの災いに襲われるのは、わたしのうちに神がおられないからではないか』と言う。わたしはそれでも、その日、必ずわたしの顔を隠す。彼らが他の神々に向かうことにより行ったすべての悪のゆえである」

（申三一・一六―一八）

わたしがその先祖に誓った乳と蜜の流れる土地に彼を導き入れるとき、彼は食べて満ち足り、肥え太り、他の神々に向かい、これに仕え、わたしを侮ってわたしの契約を破るであろう。……わたしは、わたしが誓った土地へ彼らを導き入れる前から、既に彼らが今日、思い図っていることを知っていたのである。(申三一・二〇―二一)

わたし〔モーセ〕には分かっている。わたしの死んだ後、あなたたちは必ず堕落して、わたしの命じた道からそれる。そして後の日に、災いがあなたたちにふりかかる。あなたたちが主《ヤハウェ》が悪と見なされることを行い、その手の業によって主《ヤハウェ》を怒らせるからである。(申三一・二九)

以上のことからすると、イスラエル人たちは、自分たちも犯す可能性があり、また実際に犯すことになる罪、すなわち、神ヤハウェ以外の神々に従うという罪をカナンの人々が犯しているがゆえに、神ヤハウェに代わってカナンの人々を滅ぼすということになります。だから、イスラエル人たちは、自分たちが受けてもおかしくない罰を、自分たちの手でカナンの人々に与えるのです。

さらに聖書全体の文脈からすれば、神ヤハウェはイスラエル人たちが、神ヤハウェ以外の神々に従うという罪を犯すということを、ただ単に知っていたのではなく、天地万物の創造者として彼らにそうさせたと理解すべきでしょう。そして、カナンの人々についても同様でしょう。そうだとすると、神ヤハウェは、イスラエル人たちにもカナンの人々にも、あえて罪を犯させることによって、彼らが互いに罰を与え合うようにさせていると理解することができます。つまり、人間を同士討ちによって自滅させているのです。聖書が考える戦争とはこのようなものであるように思われます。

五

ヨシュア記

信仰に対する人間の無力

モーセの死後イスラエル人たちのリーダーとなったヨシュアは、エリコに斥候《せっこう》（偵察隊）を二人派遣しました。彼らは遊女ラハブの家に入りました。それを察知したエリコの王は、ラハブの家に人を派遣し、斥候たちの引き渡しを要求しました。しかしラハブは、彼らはすでに逃亡したと嘘をつき、彼らをかくまいました。ラハブは斥候たちに対し、彼女の一族の命を保証するよう求め、斥候たちはそれを了承しました。

斥候たちはなぜラハブの家に入ったのでしょうか。確かに、よそ者が町をうろついていれば目立つでしょうし、他の家に入ればその家の人に通報されてしまう可能性があったでしょう。それに対して遊女ならば、職業上口が堅いと斥候たちは考えたかもしれません。また、ラハブの家は、その立地からして入りやすかったのかもしれません。なぜならラハブの家はエリコの城壁の壁面を利用したものだったからです。侵入してすぐ入れたのかもしれません。

ラハブはエリコの王の追っ手をやり過ごした後、斥候たちに次のように語りかけました。すなわち、神ヤハウェがイスラエル人たちにカナンを与えると約束したこと、葦《あし》の海の奇跡のこと、シホンとオグに対するイスラエル人たちの勝利のことなどを彼女が知っていると告げました。そして彼女はさらに次のように語りました。

あなたたちの神、主《ヤハウェ》こそ、上は天、下は地に至るまで神であられるからです。（ヨシュア二・一一）

この言葉はおそらく、聖書において最高の信仰告白の一つであるように思われます。というのも、「上は天、下は地に至るまで神であられる」とは、唯一絶対神のことを意味していると思われます。そして、本書**「二．出エジプト記」**の**「苦難の意義付け」**（53ページ）の箇所で見た通り、シナイ山で与えられた律法の内容は、その最初の部分である十戒の第一戒「わたしをおいてほかに神があってはならない」（出二〇・三）に収斂《しゅうれん》するように思われます。だから、神ヤハウェがイスラエル人たちはじめ人間に求めていたことはまさに、神ヤハウェこそが唯一の神であるということを信じることだったと思われるのです。「上は天、下は地に至るまで神であられる」と類似した表現は、聖書の他の箇所にも見られます。

あなたは、今日、上の天においても下の地においても主《ヤハウェ》こそ神であり、ほかに神のいないことをわきまえ、心に留め（申四・三九）

イスラエルの神、主《ヤハウェ》よ、上は天、下は地のどこにもあなたに並ぶ神はありません。（王上八・二三）

カナンの人であるラハブが、本当にそのような信仰を持っていたのでしょうか。文脈上それはなさそうです。ではなぜラハブはこのようなことを言ったのでしょうか。ラハブは、イスラエル人たちがエリコに侵攻し、かつエリコは彼らに占領されると考えていたと思われます。実際彼女は次のように語りました。

主《ヤハウェ》がこの土地をあなたたちに与えられたこと、またそのことで、わたしたちが恐怖に襲われ、この辺りの住民は皆、おじけづいていることを、わたしは知っています。（ヨシュア二・九）

それを聞いたとき、わたしたちの心は挫《くじ》け、もはやあなたたちに立ち向かおうとする者は一人もおりません。（ヨシュア二・一一）

だからラハブは、エリコの住人がイスラエル人たちに皆殺しにされる可能性を考え、何とかして自分と自分の一族の命だけは救おうと考えたように思われます。彼女は上記の信仰告白の後、次のように語りました。

ヨシュアのカナン征服

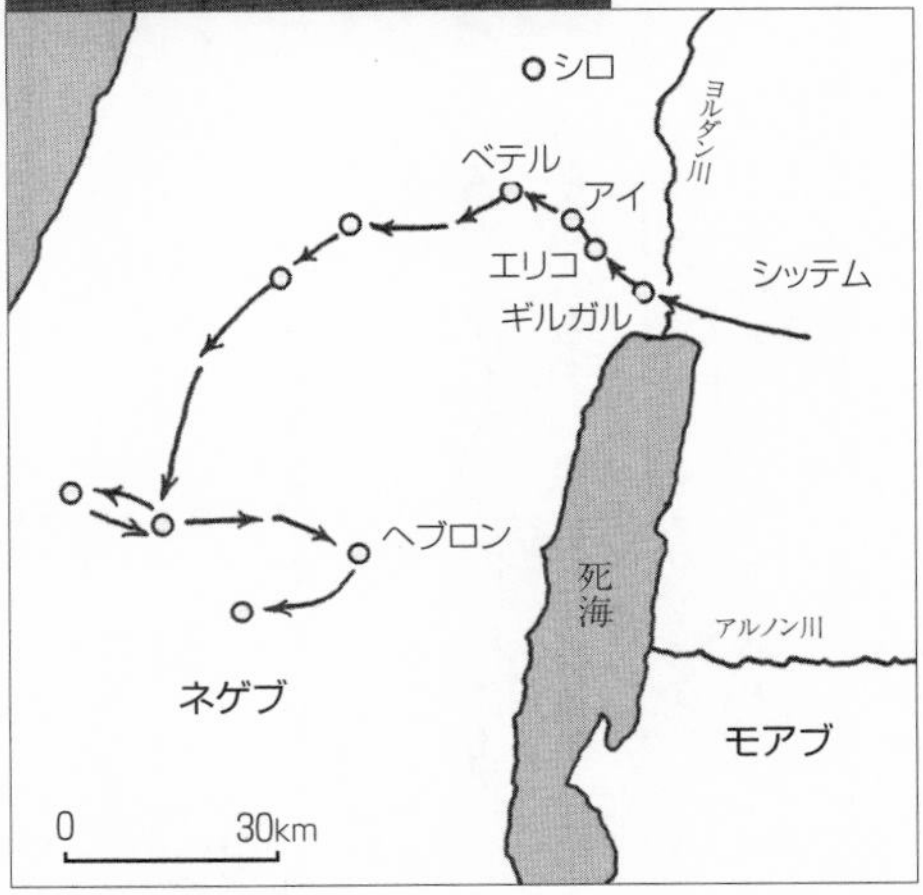

わたしはあなたたちに誠意を示したのですから、あなたたちも、わたしの一族に誠意を示す、と今、主《ヤハウェ》の前でわたしに誓ってください。そして、確かな証拠をください。父も母も、兄弟姉妹も、

更に彼らに連なるすべての者たちも生かし、わたしたちの命を死から救ってください。（ヨシュア二・一二－一三）

つまり、ラハブは彼らがイスラエル人の斥候であると知ったとき、とっさに、危険を冒して彼らをかくまい、彼らに貸しを作り、弱みを握ることによって、交換条件として、自分と自分の一族の命を保証させようとしたのだと考えられます。

だとすると、ラハブが上記の信仰告白をしたのは、斥候たちに対する単なるおべっか、おもねりだったことになります。あるいはもっと軽く、交換条件を出す前振りであったと理解するのが妥当であるように思われます。それゆえ、ラハブが上記の信仰告白をしたのは、そのような信仰を持っていたからではなく、話の成り行き上の単なる偶然であったと考えられます。なぜなら彼女が斥候たちから自分と自分の一族の命の保証を引き出すのに、この信仰告白は必要不可欠なものではなかったからです。

結局イスラエル人たちがエリコを占領したとき、エリコの住民たちの中で唯一彼女の一族だけが救われることになります（ヨシュア六・二〇－二五）。ただしこれも、ラハブが信仰深い態度を示したからではなく、斥候たちがラハブに弱みを握られていたがゆえに、彼女とその一族の救出を約束せざるを得なかったと理解する方がよいように思われます。実際斥候たちは次のように語っていました。

二人は彼女に答えた。「あなたたちのために、我々の命をかけよう。もし、我々のことをだれにも漏らさないなら、主《ヤハウェ》がこの土地を我々に与えられるとき、あなたに誠意と真実を示そう」（ヨシュア二・一四）

もし、あなたが我々のことをだれかに知らせるなら、我々は、あなたの誓わせた誓いから解かれる。

（ヨシュア二・二〇）

斥候たちはラハブにかくまってもらったとはいえ、その後密告されれば、彼らは再び命の危険に晒《さら》される可能性がありました。だから、「我々のことをだれにも漏らさないなら」「もし、あなたが我々のことをだれかに知らせるなら」と念を押しているのでしょう。つまり、ラハブとその一族が救われたのは、人間の目から見れば、ラハブが斥候たちの弱みを握り、斥候たちがラハブとその一族の命を保証せざるを得なかったからであって、ラハブの信仰告白と救いとは何の因果関係もないと思われるのです。

以上のことからすると、次のことは明らかであるように思われます。この物語は、イスラエル人でなく、律法が最も嫌うと思われる遊女という職業（姦淫《かんいん》は石打ち刑。レビ二〇・一〇参照）の人間でさえ、神ヤハウェに対する信仰を持てば救われるという話では全くないと思われます。ラハブは全く偶然に信仰告白をしてしまったのであり、また、それとは全く関係なく偶然救われたのだと思われます。

では、この物語の意味するところは何であると理解すべきでしょうか。聖書に載っている物語である以上、出来事全体が神ヤハウェとの関連で理解されるべきでしょう。聖書全体の文脈からすれば、ラハブに起こった出来事は、人間にはすべて偶然の出来事のように見えても、実は天地万物の創造者である神ヤハウェの業《わざ》であると理解すべきでしょう。そうであるならば、この物語は、上記のような人間であるラハブに神ヤハウェが、本人の意図とは全く関係なく、一方的に信仰を告白させ、彼女を救った物語として理解すべきであるように思われます。その場合、物語のポイントとなるのは、信仰と救いに対する人間の無力ということになるでしょう。

救ってから変える

エリコの東の境にあるギルガルという地で、イスラエル人たちが宿営していたとき、次のようなことがありました。

そのとき、主《ヤハウェ》はヨシュアに、火打ち石の刃物を作り、もう一度イスラエルの人々に割礼《かつれい》を施せ、とお命じになった。ヨシュアは、自ら火打ち石の刃物を作り、ギブアト・アラロトでイスラエルの人々に割礼を施した。ヨシュアが割礼を施した理由はこうである。すなわちエジプトを出て来たすべての民、戦士である成人男子は皆、エジプトを出た後、途中の荒れ野で死んだ。出て来た民は皆、割礼を受けていたが、エジプトを出た後、途中の荒れ野で生まれた者は一人も割礼を受けていなかったからである。イスラエルの人々は荒れ野を四十年さまよい歩き、その間にエジプトを出て来た民、戦士たちはすべて死に絶えた。彼らが主《ヤハウェ》の御声に聞き従わなかったため、我々に与えると先祖たちにお誓いになった土地、すなわち乳と蜜の流れる土地を、彼らには見せない、と主《ヤハウェ》は誓われたのである。ヨシュアが割礼を施したのは、神がその代わりにお立てになった彼らの息子たちであって、途中で割礼を受ける折がなく、無割礼だったからである。

（ヨシュア五・二―七）

この箇所によれば、出エジプトの第一世代、すなわち、エジプトで生まれ育ってエジプトから出て来た人々はみな、エジプトで割礼を受けていました。しかし、上でも見た通り、彼らは神ヤハウェに従わなかったので、荒れ野で死に絶えました。それに対して彼らの息子たちは、おそらく荒れ野にいたせいで、割礼を受けることができませんでした。しかし彼らは約束の地カナンに入ることを許され、カナンの地に入った後割礼を受けました。

確かに神ヤハウェは、本書「一．創世記」の「割礼の問題」（31ページ）の箇所で見た通り、「無割礼の男がいたなら、その人は民の間から断たれる」（創一七・一四）としていました。ただし、割礼は、救いの必要条件ではあっても、十分条件ではありませんでした。実際、出エジプト第一世代は、割礼を受けていたにもかかわらず、荒れ野で死に絶えました。ではなぜ彼らの息子たちは、無割礼であったにもかかわらず、約束の地カナンに入ることが許されたのでしょうか。彼らは、救われた後で割礼を受けたのです。つまり、確かに神ヤハウェは、無割礼の男は民から断たれるとしましたが、この場面では、無割礼の男たちを、救ってから割礼を受けさせることによって、救いの条件を満たさせたのです。このように神ヤハウェは、救いの条件を満たしていない者でも、救うことによって救いの条件を満たせるということを示すものとして、この物語を理解することができます。

あがないの物語（六）

ヨシュアは、エリコという町を滅ぼし尽くした後、となりのアイという町に三〇〇〇人で攻め上りましたが、そこで敗退し、イスラエル人三六人が殺されました。ヨシュアが神ヤハウェにその理由を問うと、神ヤハウェは、「イスラエルは罪を犯し、わたしが命じた契約を破り、滅ぼし尽くして献げるべきものの一部を盗み取り、ごまかして自分のものにした」（ヨシュア七・一一）からだと答えました。実際エリコでは、生きているすべてのものを滅ぼし尽くし、金銀銅鉄はヤハウェの宝物倉に納めるよう命じられていました（ヨシュア六・一九）。

ユダ族のアカン（ヨシュア七・二）が神ヤハウェの指摘を受けたので、ヨシュアが彼に問うと、彼は、分捕り品の中から上着と金銀を盗み取ったことを認めました。ヨシュアは全イスラエル人に彼と彼の息子、娘、その他彼の全財産をアコルの谷に運ばせ、そこで全イスラエル人は、アカンと彼の家族に激しく石を投げつけて打ち殺し、彼の財産

ジェームズ・ティソ「アイを攻め落とすヨシュア」
ニューヨーク、ユダヤ美術館

を火で焼きました。

人間的な目から見れば、この物語は、エリコでの勝利によってイスラエル人たちの軍規が緩み、彼らが戦に敗北した後、アカンという軍規違反者が処刑されたという話のように見えます。このような処刑は確かに残酷に見えますが、世界中どこでも、人類の歴史の中で繰り返し行われてきたことであり、おそらく今でも行われており、戦争に勝利しようとする集団にとっては、ある程度避けがたいことなのかもしれません。

しかし聖書は、このような出来事をそのようには理解しません。この物語では次のように理解されています。アカンが犯した軍規違反は、神ヤハウェに対する契約違反であり、アカンによって犯されましたが、アカン一人の罪ではなく、全イスラエル人の罪と見なされました。それはヨシュア記七章一一節で「イスラエルは罪を犯し」と語られている通りです。だからこそ、その罰としてイスラエル人たちはアイで敗北し、ヨシュアが言う通り、カナンの人々に皆殺しにされる危機に晒《さら》されたのです（ヨシュア七・九）。

しかしこの罰は、神ヤハウェの命令に従って、アカンとその家族が石打ち刑で処刑され、彼の全財産が焼かれることによってやみました。実際アカンらの処刑の後、「主《ヤハウェ》の激しい怒りはこうしてやんだ」（ヨシュア七・二六）と語られ、その後アイはイスラエル人たちによって滅ぼし尽くされることになります（ヨシュア八・一‐二九）。ということは、全イスラエル人がこうむるはずであった罰が、アカンとその家族によって代わりに担われ、そのおかげで罰がやんだと理解することができます。その意味でこの物語は、あがないの物語と考えることができます。

あがないと共同体

ヨシュアは、アイの王と、エルサレム、ヘブロン、ヤルムト、ラキシュ、エグロンの王たちを処刑し、その死体を木にかけてさらしました。

> ヨシュアはまた、アイの王を木にかけて夕方までさらし、太陽の沈むころ、命じてその死体を木から下ろさせ、町の門の入り口に投げ捨て、それを覆う大きな石塚を築かせた。それは今日《こんにち》まで残っている。（ヨシュア八・二九）
>
> ヨシュアはその後、彼ら〔エルサレム、ヘブロン、ヤルムト、ラキシュ、エグロンの五人の王〕を打ち殺し、五本の木にかけ、夕方までさらしておいた。しかし、太陽の沈むころ、ヨシュアは命じてその死体を木から下ろさせ、彼らが隠れていた洞穴に投げ入れ、入り口を大きな石でふさいだ。それは、今日《こんにち》まで残っている。（ヨシュア一〇・二六‐二七）

これらの箇所でヨシュアは、いずれの場合も、死体を日没までに埋葬させています。これは申命記の次のような規定によるものと考えられます。

ある人が死刑に当たる罪を犯して処刑され、あなたがその人を木にかけるならば、死体を木にかけたまま夜を過ごすことなく、必ずその日のうちに埋めねばならない。木にかけられた者は、神に呪われたものだからである。あなたは、あなたの神、主《ヤハウェ》が嗣業《しぎょう》として与えられる土地を汚してはならない。

（申二一・二二―二三）

パウロはガラテヤ書で、イエス・キリストが十字架刑に処せられたことを、これはユダヤ人のではなく、ローマ帝国の処刑方法であるにもかかわらず、おそらく知っていてあえて、申命記で規定されているこの処刑方法になぞらえて考えているように思われます。

キリストは、わたしたちのために呪いとなって、わたしたちを律法の呪いから贖《あがな》い出してくださいました。「木にかけられた者は皆呪われている」と書いてあるからです。

（ガラテヤ三・一三）

「木にかけられた者は皆呪われている」は、申命記二一章二三節の「木にかけられた者は、神に呪われたものだからである」を意識したものであると思われます。この箇所によれば、イエス・キリストは「わたしたち」のために、つまりその代わりに罪を負い、律法の呪いによって木にかけられて死に、罰を受けました。そしてそのことによって他の人の罪をあがないました。

このようなあがないを、上記の六人の王たちの処刑とイスラエル人たちとの間に考えることはできるでしょうか。つまり、この六人の王たちは、イスラエル人たちの代わりに彼らの罪を負い、罰を受けて死んだと理解することはできるでしょうか。それはおそらくできないでしょう。

というのも、確かに、本書「四. 申命記」の最後「同士討ちとしての戦争・殺人（一）」（98ページ）の箇所で語られた通り、神ヤハウェ以外の神々に従うという、カナンの人々も犯しているのと同じ罪を、イスラエル人たちも犯すことになります。しかしそれでも、カナンの人々が犯していた罪そのものが、同時にイスラエル人たちの罪とみなされているわけではありません。カナンの人たちの罪と、イスラエル人たちが犯すことになる罪とは、同種の罪ではあるでしょうが、あくまでも別の罪であると見なされていると思われます。

だから、六人の王たちの処刑がイスラエル人たちの罪をあがなったと考えることはできないでしょう。その意味で彼らの処刑は、イスラエル人たちとは何の関係もないと考えられます。イエスが受けた十字架刑もこれと同じように、他の人々と何の関係もないかのように見えたということを、パウロは強調したかったのかもしれません。このように、罪のあがないにおいては、罪をあがなう者とあがなわれる者との間に、何らかの意味で罪を共有するような、共同体がなければならないように思われます。

六

士師記

神は共に苦しむ

イスラエル人たちがカナンに侵攻した後も、カナンには原住民たちが残りました。神ヤハウェが罰としてカナン原住民たちを追い払わず、イスラエル人たちに略奪されるままにしたのです。それは、イスラエル人たちが、カナン原住民たちの信仰する神々を排除しなければならない（十戒の第一戒）のに、神ヤハウェを捨て、バアルやアシュトレト（バアルの妻）など他の神々にひれ伏して仕え、これに従ったからでした。

主《ヤハウェ》の御使《みつか》いが、ギルガルからボキムに上って来て言った。「わたしはあなたたちをエジプトから導き上り、あなたたちの先祖に与えると誓った土地に入らせ、こう告げた。わたしはあなたたちと交わしたわたしの契約を、決して破棄しない、あなたたちもこの地の住民と契約を結んではならない、住民の祭壇は取り壊さなければならない、と。しかしあなたたちは、わたしの声に聞き従わなかった。なぜこのようなことをしたのか。わたしもこう言わざるをえない。わたしは彼らを追い払って、あなたたちの前から去らせることはしない。彼らはあなたたちと隣り合わせとなり、彼らの神々はあなたたちの罠《わな》となろう」

（士二・一－三）

その世代〈カナンに侵攻した世代〉が皆絶えて先祖のもとに集められると、その後に、主《ヤハウェ》を知らず、主《ヤハウェ》がイスラエルに行われた御業《みわざ》も知らない別の世代が興った。イスラエルの人々は主《ヤハウェ》の目に悪とされることを行い、バアルに仕えるものとなった。彼らは自分たちをエジプトの地から導き出した先祖の神、主《ヤハウェ》を捨て、他の神々、周囲の国の神々に従い、これにひれ伏して、主《ヤハウェ》を怒らせた。彼らは主《ヤハウェ》を捨て、バアルとアシュトレトに仕えたので、主《ヤハウェ》はイスラエルに対して怒りに燃え、彼らを略奪者の手に任せて、略奪されるがままにし、周りの敵の手に売り渡された。彼らはもはや、敵に立ち向かうことができなかった。出陣するごとに、主《ヤハウェ》が告げて彼らに誓われたとおり、主《ヤハウェ》の御手《みて》が彼らに立ち向かい、災いをくだされた。彼らは苦境に立たされた。

（士二・一〇－一五）

士師時代のカナン

イスラエル人たちが、カナン原住民を武力で排除できなかった以上、彼らと友好関係を結ばずにカナンで生きていくことは困難だったでしょう。そして、今日よりもはるかに宗教

と生活が密着していた時代、相手の宗教を否定して相手と友好関係を結ぶことは、なおさら困難だったでしょう。イスラエル人たちがカナンの神々を全面的に否定することは難しかったと想像されます。その一方でイスラエル人たちは、カナン原住民たちから攻撃されています。この二つの事実をどのように理解すべきなのでしょうか。この問題に対してイスラエル人たちは、神ヤハウェとの関係の中で、十戒の第一戒に対する罰という理解をここで示しています。

しかし神ヤハウェは同時に、イスラエル人たちを哀れに思い、士師たちを立てて彼らを救いました。「哀れむ」と訳された原語ナーハムには、「苦しみを共にする」というニュアンスがあります。神ヤハウェはイスラエル人たちをただ単に懲らしめているのではなく、その苦しみを共に苦しんでいるのです。だがそれにもかかわらず、彼らは他の神々にひれ伏して仕え、これに従い、士師たちが死ぬとますますそうしたので、神ヤハウェも士師たちの死後は、カナン原住民を追い払いませんでした。

主《ヤハウェ》は士師たちを立てて、彼らを略奪者の手から救い出された。しかし、彼らは士師たちにも耳を傾けず、他の神々を恋い慕って姦淫《かんいん》し、これにひれ伏した。彼らは、先祖が主《ヤハウェ》の戒めに聞き従って歩んでいた道を早々に離れ、同じように歩もうとはしなかった。主《ヤハウェ》は彼らのために士師たちを立て、士師と共にいて、その士師の存命中敵の手から救ってくださったが、それは圧迫し迫害する者を前にしてうめく彼らを、主《ヤハウェ》が哀れに思われたからである。その士師が死ぬと、彼らはまた先祖よりいっそう堕落して、他の神々に従い、これに仕え、ひれ伏し、その悪い行いとかたくなな歩みを何一つ断たなかった。主《ヤハウェ》はイスラエルに対して怒りに燃え、こう言われた。「この民はわたしが先祖に命じたわたしの契約を破り、わたしの声に耳を傾けなかったので、ヨシュアが死んだときに残した諸国の民を、わたしはもうこれ以上一人も追い払わないことにする。彼らによってイスラエルを試し、先祖が歩み続けたように主《ヤハウェ》の道を歩み続けるかどうか見るためである」。主《ヤハウェ》はこれらの諸国の民をそのままとどまらせ、すぐ追い払うことはなさらなかった。彼らをヨシュアの手に渡すこともなさらなかった。

（二・一六－二三）

「士師」の原語は、「裁く」という意味の動詞シャーパトの分詞ショペート（複数形はショペティーム）で、「裁き人」などとも訳され、基本的に政治的支配者を意味します。聖書的には、イスラエル人全体ではなく、一部の部族だけを支配する、世襲でない、王制以前のカリスマ的支配者のことを指します。

同士討ちとしての戦争・殺人（二）――テロリズムさえも利用する神

イスラエル人たちは神ヤハウェの目に悪とされることを行ったので、罰としてモアブの王エグロンに一八年間仕えなければなりませんでした。イスラエル人たちが神ヤハウェに助けを求めて叫ぶと、神ヤハウェはエフドを救助者（モーシーア）として立てました。エフドはエグロンに貢ぎ物を納めに行った際、彼を刺殺しました。エグロンに「内密な話がある」「神のお告げを持ってきた」などと嘘を言って近づき、殺害したのです。これは明らかに一種のテロリズムです。

エグロンは、エフドが貢ぎ物をしたためか、彼を信用して人払いをしてしまったために、誰もいない屋上の部屋で刺殺されました。エフドはエグロンが彼を信用しているのを利用したのです。しかもそこは外から錠を下ろさせたので、エフドは犯行が発覚するのを遅らせて、逃亡することができました。

エグロンは太っていたので、柄まで刺した剣の刃を脂肪が閉じ込めてしまったと描写されています。このあたりに、豊かなモアブ人に対する貧しいイスラエル人たちの激しい憎しみが感じられます。またイスラエル人たちはエフドに従って、ヨルダン川の渡しで、おそらく混乱の中逃亡しているモアブ人を一万人打ち殺しました。彼らは皆たくましい兵士だったとのことです。このあたりに、戦争における人間の混乱ぶりと残虐性があらわれています。

このように神ヤハウェは、おそらく搾取による貧しさから生まれる憎しみに端を発する、少なくとも今日《こんにち》の我々から見れば残忍極まりないテロリズムさえも利用して救いを実現します。ただしそれは、本書「四．申命記」の「同士討ちとしての戦争・殺人（一）」（98ページ）の箇所で見た通り、イスラエル人たちが正しいからではなく、モアブ人たちが神に逆らうからであって、その点ではイスラエル人たちも何ら変わりありません。つまり神ヤハウェは、残忍なテロリズムを用いて、罪深い人間たちを、同士討ちさせることによって自滅させていると理解することができます。

同士討ちとしての戦争・殺人（三）

カナン人の王ヤビンの将軍シセラは、イスラエル人の女預言者デボラとその片腕バラクに戦で敗れ、カイン人ヘベルの妻ヤエルの天幕に逃げ込みました。ヘベル一族はヤビンと友好関係にあったのです。ヤエルはシセラを友好的に出迎えましたが、結局彼女は、シセラが熟睡しているところを、天幕の釘を頭に打ち込んで殺害してしまいました。

シセラは、カイン人ヘベルの妻ヤエルの天幕に走って逃げて来た。ハツォルの王ヤビンと、カイン人ヘベル一族との間は友好的であったからである。ヤエルが出て来てシセラを迎え、「どうぞこちらに。わたしの主君よ、こちらにお入りください。御心配には及びません」と言うと、彼は彼女に近づいて天幕に入った。彼女は布で彼を覆った。シセラが彼女に、「喉が渇いた。水を少し飲ませてくれ」と言うので、彼女は革袋を開けてミルクを

ジェームズ・ティソ「ヤエル、バラクに死にたえるシセラを見せる」
ニューヨーク、ユダヤ美術館

飲ませ、彼を覆った。シセラは彼女に、「天幕の入り口に立っているように。人が来て、ここに誰かいるかと尋ねれば、だれもいないと答えてほしい」と言った。だが、ヘベルの妻ヤエルは天幕の釘を取り、槌《つち》を手にして彼のそばに忍び寄り、こめかみに釘を打ち込んだ。釘は地まで突き刺さった。疲れきって熟睡していた彼は、こうして死んだ。そこへバラクがシセラを追ってやって来た。ヤエルは出て来て彼を迎え、「おいでください。捜しておられる人をお目にかけましょう」と言ったので、彼は天幕に入った。そこにはシセラが倒れて死んでおり、そのこめかみには釘が刺さっていた。

（十四・一七－二二）

なぜ、イスラエル人でもなく、ヤビンと友

好関係にあるカイン人ヘベル一族の一員であるヤエルが、ヤビンの将軍シセラを殺害したのでしょうか。確かに、モーセのしゅうとはカイン人（ケニ人）でした（士一・一六、四・一一）が、それだけでこの出来事を説明することはできないでしょう。ヤエルが個人的にイスラエル人たちに対してシンパシーを感じていた可能性もありますが、そのようなことは一切書かれていません。ヤエルがシセラに何か個人的な恨みを抱いていた可能性も考えられます。

シセラが何をしたにせよ、友好関係を信じて安心していたシセラをだまして殺害するヤエルの行為はたいへん非道な殺人行為です。その手段も、釘で天幕を張るのが当時の女性の役割であり、その扱いに慣れていたとしても、極めて残忍です。このように神ヤハウェは、理由の定かでない残忍な殺人行為をも用いて救いを実現します。もちろんそのことが、カイン人ヤエルの行為を正当化するとは考えられないでしょう。これも罪深い人間の同士討ちと理解すべきであるように思われます。

戦が始まる前、女預言者デボラが片腕バラクに対し、「わたしも一緒に行きます。ただし今回の出陣で、あなたは栄誉を自分のものとすることはできません。主《ヤハウェ》は女の手にシセラを売り渡されるからです」（士四・九）と語ったのは、自分のことではなく、異邦人ヤエルのことであったのは驚きです。

神ヤハウェが戦う（二）

士師ギデオンは、ミディアン人たちとの戦いのために集まったイスラエル人たちの中で、恐れを抱いておらず、立ち居振る舞いの美しい者三〇〇人の少数精鋭で夜襲をかけ、ミディアン人たちに勝利しました。しかし聖書はそのことを、神ヤハウェが人数をあえて減らしたと理解します。そしてその理由は、イスラエル人たちが心おごり、自分の手で救いを勝ち取ったと言わないためというものでした。

ジェームズ・ティソ「ギデオン300人を選ぶ」
ニューヨーク、ユダヤ美術館

主《ヤハウェ》はギデオンに言われた。「あなたの率いる民は多すぎるので、ミディアン人をその手に渡すわけにはいかない。渡せば、イスラエルはわたしに向かって心がおごり、自分の手で救いを勝ち取ったと言うであろう。それゆえ今、民にこう呼びかけて聞かせよ。恐れおののいている者は皆帰り、ギレアドの山を去れ、と」。こうして民の中から二万二〇〇〇人が帰り、一万人が残った。主《ヤハウェ》はギデオンに言われた。「民はまだ多すぎる。彼らを連れて水辺に下れ。そこで、あなたのために彼らをえり分けることにする。あなたと共に行くべきだとわたしが告げる者はあなたと共に行き、あなたと共に行くべきではないと告げる者は行かせてはならない」。彼は民を連れて水辺に下った。主《ヤハウェ》はギデオンに言われた。「犬のように舌で水をなめる者、すなわち膝をついてかがんで水を飲む者はすべて別にしなさい」。水を手にすくってすすった者の数は三〇〇人であった。他の民は皆膝をついてかがんで水を飲んだ。主《ヤハウェ》はギデオンに言われた。「手から水をすすった三〇〇人をもって、わたしはあなたたちを救い、ミディアン人をあなたの手に渡そう。他の民はそれぞれ自分の所に帰しなさい」

（七・二―七）

ギデオンと彼の率いる一〇〇人が、深夜の更の初めに敵陣の端に着いたとき、ちょうど歩哨が位置についたところであった。彼らは角笛を吹き、持っていた水がめを砕いた。三つの小隊はそろって角笛を吹き、〔松明《たいまつ》の入った〕水がめを割って、松明を左手にかざし、右手で角笛を吹き続け、「主《ヤハウェ》のために、ギデオンのために剣《つるぎ》を」と叫んだ。各自持ち場を守り、敵陣を包囲したので、敵の陣営は至るところで総立ちになり、叫び声をあげて、敗走した。三〇〇人が角笛を吹くと、主《ヤハウェ》は、敵の陣営の至るところで、同士討ちを起こされ、その軍勢はツェレラのベト・シタまで、またタバトの近くのアベル・メホラの境まで逃走した。（士七・一九－二二）

ギデオンが少数精鋭で夜襲をしかけたのは、人間的に見れば、敵のミディアン人の人数があまりに多く（士七・一二）、普通の戦い方では相手にならなかったからでしょう。イスラエル人三〇〇人に対して、敵はミディアン人含め東方諸部族が総勢十数万人いました（士八・一〇）。しかしそのような理解のままでは、イスラエル人たちの能力が高かったからミディアン人に勝利したということになりかねません。それに対して聖書の立場はあくまでも、神ヤハウェが戦い、神ヤハウェが勝利するというものです（申一・三〇－三一、三・二二、二〇・四）。そこでこの勝利を聖書は、神ヤハウェがイスラエル人を、通常では勝利することがあり得ないほどの人数まであえて減らし、神ヤハウェが戦い、勝利したと理解しているのだと思われます。

罪のない人はいない（三）

ギデオンがミディアン人たちに完全勝利した後、イスラエル人たちはギデオンに対し、王になるよう要請し、他の国々と同じように王を持とうとしました。しかしこれに対してギデオンは、神ヤハウェこそ王であるという、この後長くイスラエル人たちの理想とされる考えを理由にこれを断ります。この意味でギデオンは最も士師らしい士師であると思われます。しかしそのようなギデオンでさえ、かつてのアロンと同じように金の耳輪を集め、エフォドと呼ばれる神像（十一七・五、一八・一四参照）を造り、第二戒を犯してしまいます。

イスラエルの人はギデオンに言った。「ミディアン人の手から我々を救ってくれたのはあなたですから、あなたはもとより、御子息、そのまた御子息が、我々を治めてください」。ギデオンは彼らに答えた。「わたしはあなたたちを治めない。息子もあなたたちを治めない。主《ヤハウェ》があなたたちを治められる」。ギデオンは更に、彼らに言った。「あなたたちにお願いしたいことがある。各自戦利品として手に入れた耳輪をわたしに渡してほしい」。敵はイシュマエル人であったから金の耳輪をつけていた。人々は、「喜んで差し上げます」と答え、衣を広げて、そこに各自戦利品の耳輪を投げ入れた。彼の求めに応じて集まった金の耳輪の目方は、金一七〇〇シェケル（約二〇キログラム）で、そのほかに三日月形の飾り、垂れ飾り、ミディアンの王たちがまとっていた紫布の衣服、らくだの首に巻きつけてあった飾り物があった。ギデオンはそれを用いてエフォドを作り、自分の町オフラに置いた。すべてのイスラエルが、そこで彼に従って姦淫にふけることになり、それはギデオンとその一族にとって罠となった。（士八・二二―二七）

なぜギデオンは自分の町にエフォド（神像）を造ったのでしょうか。このエフォドは自分の戦勝記念碑という意味合いを持っていたのかもしれません。もしそうだとしたら、ギデオンは、この勝利を自分のものと考えていることになり、神ヤハウェが戦い、勝利するというイスラエル人たちの理想に反することになります。ギデオンが、神ヤハウェ

ジェームズ・ティソ「アビメレク、70 人の兄弟を殺す」
ニューヨーク、ユダヤ美術館

こそ王であるからという理由で王になることを拒否したのは、本当にそう思っていたからではなく、他に理由があって、その口実としてそう言っただけだったのかもしれません。

同士討ちとしての戦争・殺人（四）

ギデオンの死後、ギデオンの息子七〇人がイスラエル人たちを集団で支配しました。そしてイスラエル人たちは、バアル・ベリト（契約の主）を神としていました。アビメレクは、ギデオンの息子たちの中の一人でした。その母はギデオンの側女《そばめ》、女奴隷で、シケムという町に住んでいました（おそらくカナン人）。アビメレクは母方のおじたちを通して、親戚であるシケムの首長たちと結託しました。彼らからバアル・ベリト神殿の銀七〇シェケル（約八〇〇グラム）を受け取り、それで数名のならず者を雇い、自分の兄弟七〇人を殺害させました。そしてシケムの首長らはアビメレクを、イスラエル人たちの（実際はおそらくシケム周辺の）王としました。

ギデオンが死ぬと、イスラエルの人々はまたもバアルに従って姦淫し、バアル・ベリトを自分たちの神とした。イスラエルの人々は、周囲のあらゆる敵の手から救い出してくださった彼らの神、主《ヤハウェ》を心に留めなくなった。

彼らはまた、イスラエルのために尽くしてくれたエルバアル、すなわちギデオンのすべての功績にふさわしい誠意を、その一族に示すこともしなかった。エルバアルの子アビメレクはシケムに来て、母方のおじたちに会い、彼らと母の家族が属する一族全員とにこう言った。「シケムのすべての首長にこう言い聞かせてください。あなたたちにとって、エルバアルの息子七〇人全部に治められるのと、一人の息子に治められるのと、どちらが得か。ただしわたしが、あなたたちの骨であり肉だということを心に留めよ」。母方のおじたちは、彼に代わってこれらの言葉をことごとくシケムのすべての首長に告げた。彼らは、「これは我々の身内だ」と思い、その心はアビメレクに傾いた。彼らがバアル・ベリトの神殿から銀七〇〔シェケル〕をとってアビメレクに渡すと、彼はそれで命知らずのならず者を数名雇い入れ、自分に従わせた。彼はオフラにある父の家に来て、自分の兄弟であるエルバアルの子七〇人を一つの石の上で殺した。末の子ヨタムだけは身を隠して生き延びた。シケムのすべての首長とベト・ミロの全員が集まり、赴いて、シケムの石柱のあるテレビンの木の傍らでアビメレクを王とした。

（十八・三三－九・六）

アビメレクはイスラエル人たちを三年間支配しましたが、神がアビメレクとシケムの首長たちの間に険悪な空気（原語では「悪霊」）を送り込んだので、シケムの首長たちはアビメレクを裏切り、彼を殺そうとしました。それでアビメレクはシケムを破壊し、その住民を殺害しました。

ヨタムは逃げ去った。彼は逃げてベエルに行き、兄弟アビメレクを避けてそこに住んだ。一方、アビメレクは三年間イスラエルを支配下においていたが、神はアビメレクとシケムの首長の間に、険悪な空気を送り込まれたので、シケムの首長たちはアビメレクを裏切ることになった。こうしてエルバアルの七〇人の息子に対する不法がそのままにされず、七〇人を殺した兄弟アビメレクと、それに手を貸したシケムの首長たちの上に、血の報復が果たされることになる。シケムの首長たちは、山々の頂にアビメレクを待ち伏せる者を配置したが、彼らはそばを通りかかる旅人をだれかれなく襲った。そのことはやがてアビメレクの知るところとなった。

（士九・二二―二五）

アビメレクは、その日一日中、その町〔シケム〕と戦い、これを制圧し、町にいた民を殺し、町を破壊し、塩をまいた。

（士九・四五）

アビメレクはまたテベツという町をも制圧しましたが、その際、人々が立てこもった塔の屋上から女が投げた挽《ひ》き臼の上石《うわいし》によって頭蓋骨を砕かれ、従者にとどめを刺させて死にました。

アビメレクはまたテベツに向かい、テベツに対して陣を敷き、これを制圧したが、この町の中に堅固な塔があり、男も女も皆、町の首長たちと共にその中に逃げ込んで立てこもり、塔の屋上に上った。アビメレクはその塔のところまで来て、これを攻撃した。塔の入り口に近づき、火を放とうとしたとき、一人の女がアビメレクの頭を目がけて、挽き臼の上石を放ち、頭蓋骨を砕いた。彼は急いで武器を持つ従者を呼び、「剣を抜いてわたしにとどめを刺せ。女に殺されたと言われないために」と言った。従者は彼を刺し、彼は死んだ。イスラエルの人々はアビメレクが死んだのを見て、それぞれ自分の家へ帰って行った。

（士九・五〇―五五）

確かにギデオン（別名エルバアル）は、自分および自分の子孫が王になることを拒否しました（士八・二三）。しかし実際は、彼の息子たちが支配者としての権威を有していたようです（士九・二）。このような状態がすでに、ギデオンが語った理想に反しています。そしてシケムの首長たちは、親戚だ（カナン人の血が入っている）という理由で、おそらく自分たちの利益のために、アビメレクをイスラエル人たちの王としました。これは、神ヤハウェこそ王であるとする、ギデオンが語ったイスラエル人たちの伝統的理想に明らかに反します。実際ヨタムは「さて、あなたたち〔シケムの首長たち〕はアビメレクを王としたが、それは誠意のある正しい行動だろうか。それがエルバアル〔ギデオン〕とその一族を正当に遇し、彼の手柄にふさわしく報いることだろうか」（士九・一六）と問いました。

しかもその際、アビメレクによる他の兄弟の殺害は、バアル・ベリト神殿の資金によってなされました。これは、十戒から見れば明らかに第一戒違反でしょう（そもそもイスラエル人たちがバアル・ベリトを神としていたこと自体が第一戒違反ですが）。殺害自体ももちろん、「殺すな」という戒め違反です。聖書は、アビメレクが悲惨な死を遂げたこと、およびシケムの住民がアビメレクによって殺害されたことを、これらの罪に対する神ヤハウェによる罰と理解しています。

神は、アビメレクが七〇人の兄弟を殺して、父に加えた悪事の報復を果たされた。また神は、シケムの人々の行ったすべての悪事にもそれぞれ報復を果たされた。こうしてシケムの人々は、エルバアルの子ヨタムの呪いをその身に受けることとなった。

（士九・五六－五七）

アビメレクとシケムの人々が神ヤハウェによって罰せられたのは、彼らの同士討ちによってであったと理解することができます。シケムはアビメレクによって破壊され、その住民は彼によって殺害されましたが、そのことによってアビメレクは皮肉にも、自身が王であることの根拠を失い、ただのならず者となってしまいました。そして最後にアビメレクを死に追いやったのは、シケムの住民と同じくカナン人であったと思われるテベツの女性でした。

アビメレクの兄弟七〇人が彼に殺害されたということも、彼らがギデオンの語った理想に反して、王のように振舞っていたことに対する罰であったと理解することができるかもしれません。また逆に、アビメレクが七〇人の兄弟に対してなした暴力が、自身とシケムの市民に返って来るという考えも、士師記九章二四節に示されています。この箇所の新共同訳は分かりにくいので、原文に忠実に訳すと次のようになります。

それは、エルバアル（ギデオン）の七〇人の息子たちの（に対してアビメレクがなした）暴力が（再び）来て、血が、彼らを殺した彼らの兄弟アビメレクと、（彼が）彼の兄弟を殺すために彼に手を貸したシケム市民の上に置かれるためである。

「アビメレク」とはヘブライ語で「私の父は王」という意味です。この「私の父」をアビメレクの父ギデオンと取れば、父は王だから自分も王だとする考えが、彼に名を与えた人（おそらくギデオン本人あるいは母親）にすでにあったと理解することもできます（「私の父」は神ヤハウェかもしれませんが）。

士師記九章二八節におけるガアルのセリフ、「彼ら〔イスラエル人たち〕はシケムの父ハモル〔創三三・一九〕の人々〔シケムのカナン人〕に仕える者ではなかったか。なぜ我々が彼に仕えなければならないのか」に、シケムにおけるイスラエル人支配に対するカナン人の不満が表れているように思われます。このような民族間の支配・被支配関係が、すべての事の発端でした。

あがないの物語（七）

士師エフタは神ヤハウェに対し、アンモン人との戦いに勝利したら、自分を最初に迎えに出る家の者を、焼き尽くす献げ物として献げると誓いました。そして、戦いに勝利して家に帰ると、一人娘がエフタを迎えに出てきました。エフタは誓いを後悔しましたが、娘は「おっしゃったとおりにしてください」と言い、エフタはその娘を約束通り献げ物として献げました。

主《ヤハウェ》の霊がエフタに臨んだ。彼はギレアドとマナセを通り、更にギレアドのミツパを通り、ギレアドのミツパからアンモン人に向かって兵を進めた。エフタは主《ヤハウェ》に誓いを立てて言った。「もしあなたがアンモン人をわたしの手に渡してくださるなら、わたしがアンモンとの戦いから無事に帰るとき、わたしの家の戸口からわたしを迎えに出て来る者を主《ヤハウェ》のものといたします。わたしはその者を、焼き尽くす献げ物といたします」。こうしてエフタは進んで行き、アンモン人と戦った。主《ヤハウェ》は彼らをエフタの手にお渡しになった。彼はアロエルからミニトに至るまでの二〇の町とアベル・ケラミムに至るまでのアンモン人を徹底的に撃ったので、アンモン人はイスラエルの人々に屈服した。エフタがミツパにある自分の家に帰ったとき、自分の娘が鼓を打ち鳴らし、踊りながら迎えに出て来た。彼女は一人娘で、彼にはほかに息子も娘もいなかった。彼はその娘を見ると、衣を引き裂いて言った。「ああ、わたしの娘よ。お前がわたしを打ちのめし、お前がわたしを苦しめる者になるとは。わたしは主《ヤハウェ》の御前で口を開いてしまった。取り返しがつかない」。彼女は言った。「父上。あなたはの御前で口を開かれました。どうか、わたしを、その口でおっしゃったとおりにしてください。主《ヤハウェ》はあなたに、あなたの敵アンモン人に対して復讐させてくださったのですから」

（十一・二九―三六）

旧約聖書は全体として現実主義的な書であるように思われます。すなわち、書いてあることがすべて本当のことかどうかは別としても、書いてあることはなるべく本当のこととして、そのような仕方で書こうとする傾向があるように思われます。しかしそれにもかかわらず、ここでのエフタの娘のセリフは現実味に欠けています。なぜなら、エフタが神ヤハウェに誓いを立てたのは、自宅のあるミツパから離れて、兵を進めているときだったからです（十一・二九）。ミツパの自宅にいたエフタの娘がこの進軍に同行して、エフタの誓いを聞いていたと考えることは困難です。誰かから伝え聞いて知っていたとしたら、「自分の娘が鼓を打ち鳴らし、踊りながら迎えに出て来た」（十一・三四）というように無邪気に出迎えることはできなかったでしょう。このような無邪気さは、「彼女は友達と共に出かけ、山々で、処女のままであることを泣き悲しんだ」（十一・三八）という深刻な姿とも相容れません。娘がセリフを言う前に、エフタが事情を説明したのかもしれませんが、聖書には、そのようには書かれていません。

ではなぜ聖書にこのような現実味の欠けたセリフが取り入れられたのでしょうか。それは、エフタの立場に立つ人の心を慰めるためであったと理解することもできます。エフタはアンモン人との戦いで勝利を手に入れる引き換えに、家の者の命を献げると約束してしまいました。その結果一人娘は命を落とさなければならなくなりました。そうなる可能性は予測できたとはいえ、父親としては申し訳なさでいっぱいだったでしょう。娘にとっては寝耳に水の出来事だったからです。せめて娘がその出来事の意義を理解し、それを受け入れてくれたら、父親の心は、多少なりとも慰

旧約聖書の世界

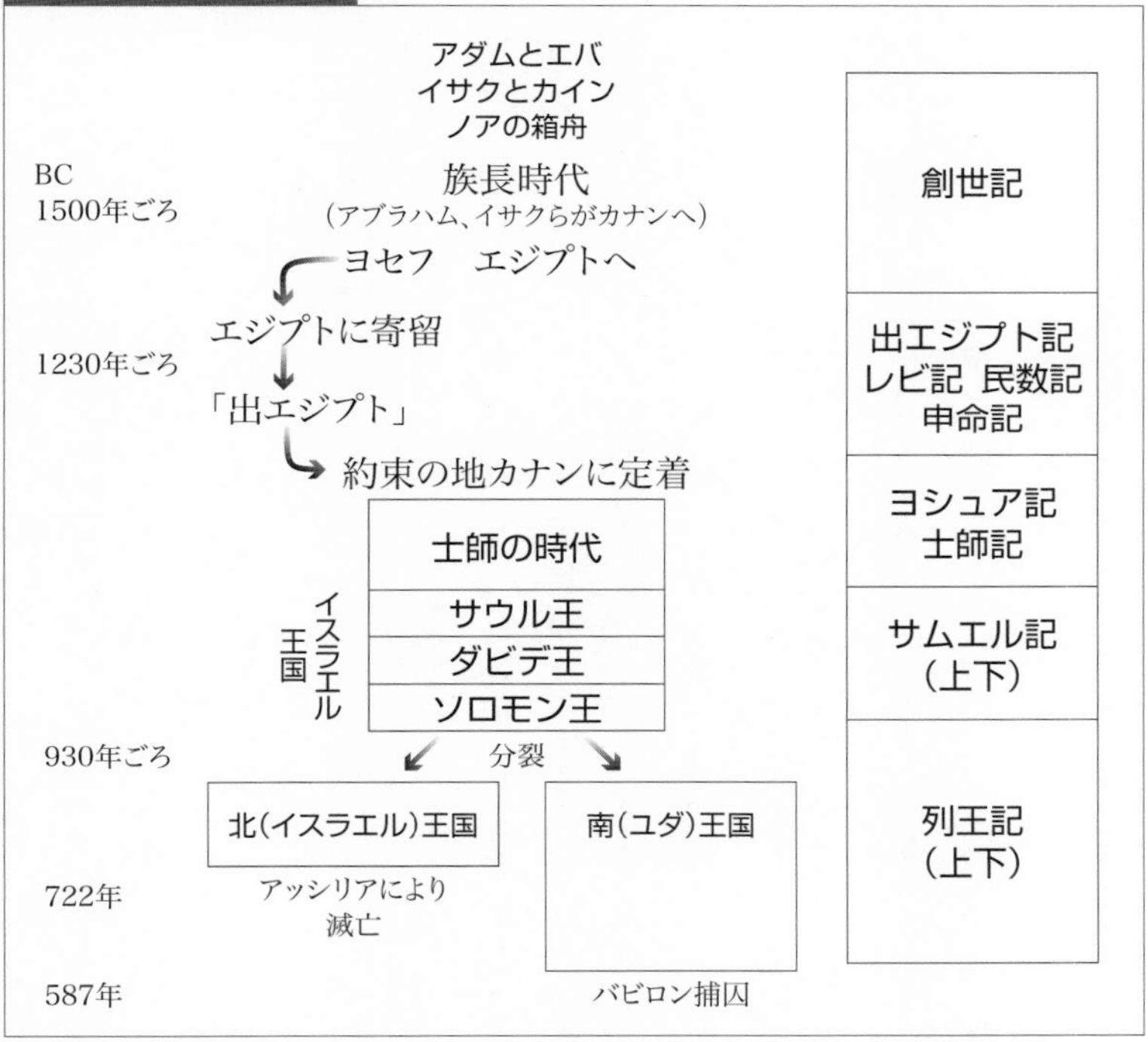

められたことでしょう。そのような願望が、このような現実味の欠けるセリフをここに挿入させたとも考えることができます。ただしそれは、ただの願望に基づく作り話としてではなく、あり得ないような仕方ででも人間を慰める神の業として描かれていると理解すべきであるように思われます。

申命記が語る律法によれば（申一二・三一）、エフタのしたことは律法違反です。なぜなら人身供犠は異教的習慣として禁止されているからです。エフタは、おそらく民数記三〇章三節に従って、誓ったことを実行したのでしょうが、その誓いそのものが律法違反なのですから、エフタが、家の者を献げると約束したから、あるいは、一人娘を献げたから、アンモン人に勝利したと考えることは難しいでしょう。神ヤハウェはこの誓いとは全く関係なく、アンモン人たちをイスラエル人たちの手に渡したと理解するのが妥当であるように思われます。その意味ではこの物語は、あがないの物語ではありません。そうすると、エフタの娘は律法違反の犠牲となって死んだことになります。つまりエフタの罪をあがなったのです。神が語らせたとも考えられるエフタの娘のセリフは、罪の犠牲となるものが罪を犯した者を赦《ゆる》し慰めるセリフであったと理解することができます。

人間の王の必要性

エフライム（北イスラエル）に、一人のレビ人《びと》の男が滞在していました。彼は、（南）ユダのベツレヘムにある実家に帰ってしまった側女を連れ戻して帰る途中、日が暮れてしまったので、ベニヤミン族の町ギブアのある老人の家に、側女と二人で宿泊しました。すると、ならず者たち（新共同訳の解釈によればこの町の首長たち！）が老人の家を取り囲み、レビ人の男を出すよう要求しました。男は自分の身代わりに側女を彼らに差し出しました。すると側女はならず者たちに一晩中暴行され、明け方家の入り口に倒れていました。レビ人の男は、旅を続けようと朝家を出たところ、側女が倒れて死んでいるのを発見しました。男は彼女をろばに乗せ、自分の郷里に連れ帰り、彼女の身体を刃物で一二の部分に切り離し、イスラエル人諸部族に送り付けました。

ベニヤミン族以外のイスラエル人たち四〇万人が集結し、一人の人のようになり、犯人を処刑するため、ベニヤミン族に対して犯人引き渡しを要求しました。しかし、ベニヤミン族はこれを拒否し、他のイスラエル人諸部族と戦うため、二万六七〇〇人が集結しました。他のイスラエル人諸部族は、一日目の戦いで二万二〇〇〇人、二日目の戦いで一万八〇〇〇人を失いましたが（ベニヤミン族は二日間で一〇〇〇人失いました）、神ヤハウェの命令に従って戦闘を続け、三日目にベニヤミン族二万五一〇〇人を打ち滅ぼしました。

ベニヤミン族以外のイスラエル人諸部族は、戦う前に、ベニヤミン族に自分たちの娘を嫁に出すことはしないという誓いを立てていました。しかし、戦の結果ベニヤミン族は、男が六〇〇人だけ生き残り、女は皆殺しにされてしまいました。他の諸部族は、イスラエル人の一部族が失われることを悔やみ、様々な方法でベニヤミン族に嫁を与えようとしました。諸部族は、ギレアドのヤベシュという町の住民が今回の戦に一人も出兵しなかったことを理由に、彼らのうちの処女だけを連行してベニヤミン族に与え、他の者たちを皆殺しにしました。また、シロで行われるヤハウェの祭で、ベニヤミン族がシロの娘たちを拉致することを黙認しました（士一九－二一章）。

イスラエルの12部族

※レビ族は祭司なので土地をもたないが、「12 部族」に入れる場合はヨセフの息子マナセとエフライムを一つと考える。

一つの婦女暴行殺人事件が（これ自体決して軽い事件ではありませんが）、六万六一〇〇人もの戦死者を出し、さらに、ギブアの住民が皆殺しにされるほどの不毛な内戦を招きました。もし何かしらの警察・司法権力が健全に機能していれば、犯人は逮捕され、裁判にかけられ、彼らに刑罰が与えられて事は済んだでしょう。しかし、当時のイスラエル人たちにおいては、「イスラエルに王がいなかった」（士一九・一）、「イスラエルには王がなく、それぞれ自分の目に正しいとすることを行っていた」（士二一・二五）のです。このように中央権力がなかったため、悲惨な事態となったと言えるでしょう。それは裏を返せば、当時のイスラエル人たちは、周辺諸国と同じように、王制のような中央権力を必要としていたということを意味するように思われます。実際ここでは、ベニヤミン族以外のすべてのイスラエル人諸部族が一丸となって戦をしています。このようなイスラエル人たちの民族としての統一性が、人のある程度自由な移動を生じさせ、それが、それまでは部族ごとに部族長が目を光らせていればある程度済んだ治安の維持をできなくさせたのかもしれません。

しかしその一方で、「主《ヤハウェ》があなたたちを治められる」（士八・二三）と言って、王になることを拒否したギデオンの態度に表れている通り、イスラエルの伝統的考え方によれば、神ヤハウェこそが王であり、人間が人間の都合で王になろうとすれば、アビメレクのように悲惨な死が待っています。このような現実と理想のギャップをどう考えるかが、次のサムエル記のテーマとなります。その意味でこの箇所は、士師記とサムエル記のつなぎの役割を果たしていると言えるでしょう。

神ヤハウェは士師記二〇章一八節で内戦の開始を、二三節、二八節で内戦の続行を命じています。神ヤハウェはこの内戦を通してイスラエル人たちに何を伝えようとしているのでしょうか。この戦の結末からすると、やはり王が必要だという考えを与えているように思われます。実際次のサムエル記上では、人々は預言者サムエルを通して、神ヤハウェに対して王を与えるよう要求します（サム上八・五）。しかし、王を持つということは同時に、神ヤハウェが王として君臨するのを拒否することでもあります（サム上八・七）。神ヤハウェはイスラエル人たちに内戦をさせることによって、王である神ヤハウェを拒否させていると理解することもできます。

七

サムエル記　上

あがないの物語（八）

エリはシロの祭司で、四〇年間士師としてイスラエル人全体を裁いていましたが、年老いたので、二人の息子ホフニとピネハスが、代わりに祭司をしていました。しかし彼らはならず者で、人々が神殿に献《ささ》げるいけにえを横取りしたり、性的不品行を行ったりしていました。年老いたエリは息子たちを諭しましたが、彼らはまったく父親に耳を貸そうとはしませんでした。

エリの息子はならず者で、主《ヤハウェ》を知ろうとしなかった。この祭司たちは、人々に対して次のように行った。だれかがいけにえを献げていると、その肉を煮ている間に、祭司の下働きが三つまたの肉刺しを手にやって来て、釜や鍋であれ、鉢や皿であれ、そこに突き入れた。肉刺しが突き上げたものはすべて、祭司のものとした。彼らは、シロに詣でるイスラエルの人々すべてに対して、このように行った。そればかりでなく、人々が供え物の脂肪を燃やして煙にする前に、祭司の下働きがやって来て、いけにえを献げる人に言った。「祭司様のために焼く肉をよこしなさい。祭司は煮た肉は受け取らない。生でなければならない」。「いつものように脂肪をすっかり燃やして煙になってから、あなたの思いどおりに取ってください」と言っても、下働きは、「今、よこしなさい。さもなければ力ずくで取る」と答えるのであった。（サム上二・一二－一六）

エリは非常に年老いていた。息子たちがイスラエルの人々すべてに対して行っていることの一部始終、それに、臨在の幕屋の入り口で仕えている女たちとたびたび床を共にしていることも耳にして、彼らを諭した。「なぜそのようなことをするのだ。わたしはこの民のすべての者から、お前たちについて悪いうわさを聞かされている。息子らよ、それはいけない。主《ヤハウェ》の民が触れ回り、わたしの耳にも入ったうわさはよくない。人が人に罪を犯しても、神が間に立ってくださる。だが、人が主《ヤハウェ》に罪を犯したら、誰が執り成してくれよう」。しかし、彼らは父の声に耳を貸そうとしなかった。主《ヤハウェ》は彼らの命を絶とうとしておられた。（サム上二・二二－二五）

煮た肉を祭司が食べるのは構わないようですが（出二九・三一－三二）、祭司が肉の脂肪部分を受け取るのは、「祭司は脂肪を祭壇で燃やして煙にするが、胸の肉はアロンとその子らのものとなる」（レビ七・三一）という規定に反しているように思われます。次の引用に出てくるサムエル記上二章二九節の「わたしの民イスラエルが供えるすべての献げ物の中から最上のものを取って、自分たちの私腹を肥やすのか」という言葉からすると、この律法違反が神ヤハウェを激怒させたようです。

前記引用の末尾（二五節後半）の新共同訳は、原文通りではありません。原文では「彼らは父の声に耳を貸そうとしなかった。なぜなら主《ヤハウェ》は彼らの命を絶とうとしておられたから」となっています。原文に忠実に理解すれば、神ヤハウェはエリの二人の息子を殺すために、彼らにエリの言うことをあえて聞かせなかったということになります。

神ヤハウェは、ある神の人（預言者）を通してエリを、「自分の息子を私よりも大事にしている」と非難しました。そして二人の息子の死をかわきりに、エリの先祖に約束した彼らの子孫の祭司職を取り消し、エリの子孫を短命にし、貧しくすると宣言しました。

神の人がエリのもとに来て告げた。「主《ヤハウェ》はこう言われる。あなたの先祖がエジプトでファラオの家に服従していたとき、わたしは自らをあなたの先祖に明らかに示し、わたしのためにイスラエルの全部族の中からあなたの先祖を選んで祭司とし、わたしの祭壇に上って香をたかせ、エフォド〔祭司の装束の一部〕を着せてわたしの前に立たせた。また、わたしはあなたの先祖の家に、イスラエルの子らが燃やして主《ヤハウェ》に献げる物をすべて与えた。あなたはなぜ、わたしが命じたいけにえと献げ物をわたしの住む所でないがしろにするのか。なぜ、自分の息子をわたしよりも大

統一王国時代

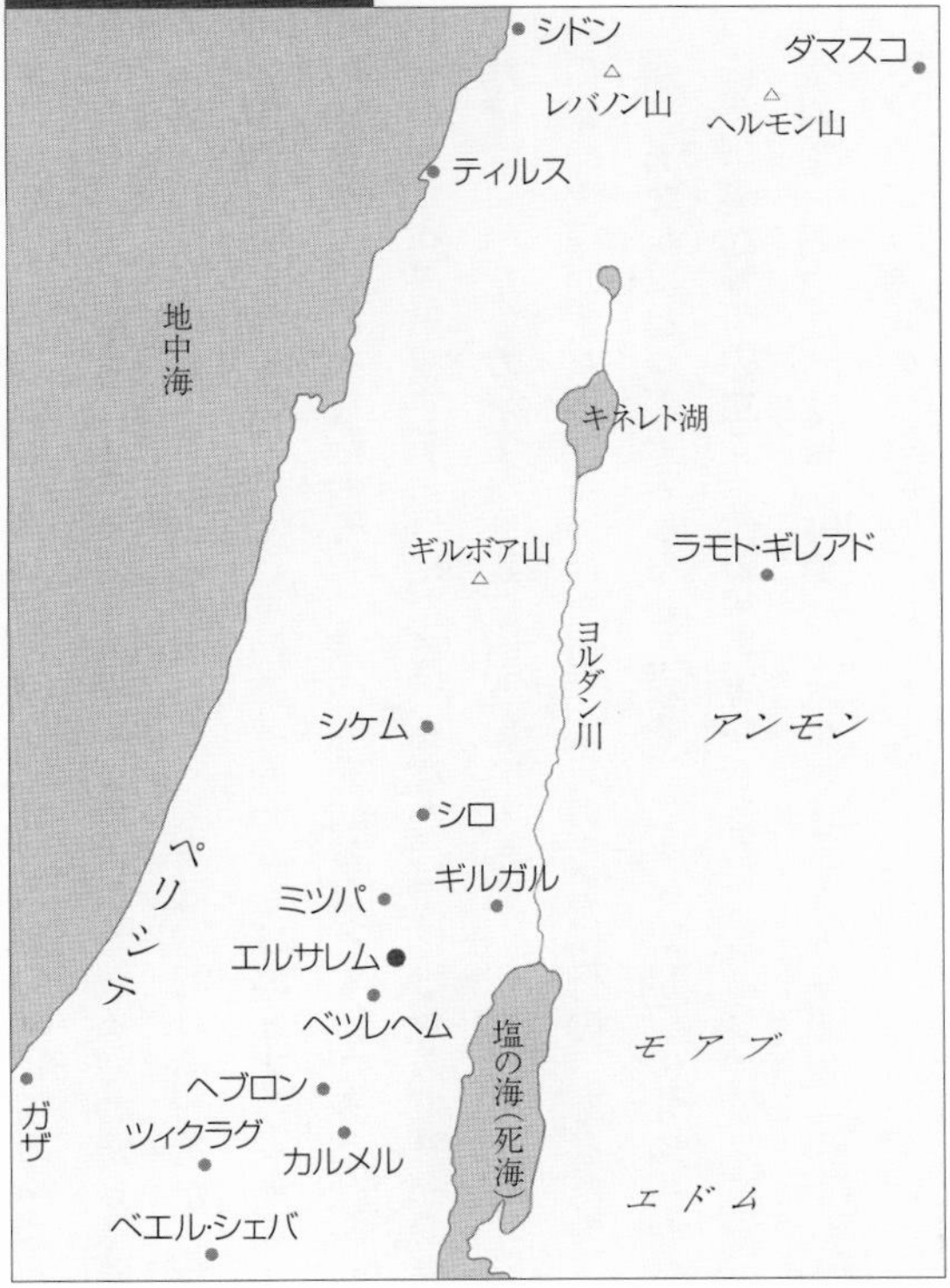

事にして、わたしの民イスラエルが供えるすべての献げ物の中から最上のものを取って、自分たちの私腹を肥やすのか。それゆえ、イスラエルの神、主《ヤハウェ》は言われる。わたしは確かに、あなたの家とあなたの先祖の家はとこしえにわたしの前に歩む、と約束した。主《ヤハウェ》は言われる。だが、今は決してそうはさせない。わたしを重んずる者をわたしは重んじ、わたしを侮る者をわたしは軽んずる。あなたの家に長命の者がいなくなるように、わたしがあなたの腕とあなたの先祖の家の腕を切り落とす日が来る。あなたは、わたしの住む所がイスラエルに与える幸いをすべて敵視するようになる。あなたの家には永久に長命の者はいなくなる。わたしは、あなたの家の一人だけは、わたしの祭壇から断ち切らないでおく。それはあなたの目をくらまし、命を尽きさせるためだ。あなたの家の男子がどれほど多くとも皆、壮年のうちに死ぬ。あなたの二人の息子ホフニとピネハスの身に起こることが、あなたにとってそのしるしとなる。二人は同じ日に死ぬ。わたしはわたしの心、わたしの望みのままに事を行う忠実な祭司を立て、彼の家を確かなものとしよう。彼は生涯、わたしが油を注いだ者の前を歩む。あなたの家の生き残った者は皆、彼のもとに来て身をかがめ、銀一枚、パン一切れを乞い、『一切れのパンでも食べられるように、祭司の仕事の一つに就かせてください』と言うであろう」

（サム上二・二七－三五）

結局エリの二人の息子は、神の箱（モーセが神から与えられた掟が刻まれている二つの石板が入った神輿《みこし》のようなもの）を戦場に運び入れたときに戦死し、その知らせを聞いたエリも悲惨な死を遂げました。

こうしてペリシテ軍は戦い、イスラエル軍は打ち負かされて、それぞれの天幕に逃げ帰った。打撃は非常に大きく、イスラエルの歩兵三万人が倒れた。神の箱は奪われ、エリの二人の息子ホフニとピネハスは死んだ。ベニ

「ペリシテ人による聖櫃《せいひつ》奪取」
ドゥラ・エウロポス・シナゴーグにあるフレスコ画

ヤミン族の男が一人、戦場を出て走り、その日のうちにシロに着いた。彼の衣は裂け、頭には塵をかぶっていた。到着したとき、エリは道の傍らに設けた席に座り、神の箱を気遣って目を凝らしていた。その男が町に知らせをもたらすと、町全体から叫び声があがった。エリは叫び声を耳にして、尋ねた。「この騒々しい声は何だ」。男は急いでエリに近寄り報告した。エリは九八歳で目は動かず、何も見ることができなかった。男はエリに言った。「わたしは戦場から戻って来た者です。今日戦場から落ちのびて来ました」。エリは尋ねた。「わが子よ、状況はどうなのか」。知らせをもたらした者は答えた。「イスラエル軍はペリシテ軍の前から逃げ去り、兵士の多くが戦死しました。あなたの二人の息子ホフニとピネハスも死に、神の箱は奪われました」。その男の報告が神の箱のことに及ぶと、エリは城門のそばの彼の席からあおむけに落ち、首を折って死んだ。年老い、太っていたからである。彼は四〇年間、イスラエルのために裁きを行った。

（サム上四・一〇－一八）

なぜ神ヤハウェは、エリの息子たちに、あえて罪を犯させ、彼らとエリに悲惨な死を与え、エリの子孫を祭司でなくし、短命にし、貧しくしたのでしょうか。その理由は次のように理解することができます。すなわち、エリの死後代わって士師としてイスラエル人たちを裁いたのは、エリに仕えていたサムエルでした。そのサムエルも年を取ると息子たちに裁きを行わせましたが、彼らもエリの息子たちと同様ならず者で、「この息子たちは父の道を歩まず、不正な利益を求め、賄賂を取って裁きを曲げ」ました（サム上八・一－三）。しかしエリの場合とは異なり、サムエルも彼の息子たちも悲惨な死を遂げず、彼の子孫が短命になったり、貧しくなったりするということもありませんでした。サムエルは天寿を全うしますし（サム上二五・一）、サウルやダビデに油をそそいで王とし、イスラエル王国の成立に重要な役割を果たします。そうしたサムエルの存在と働きは、彼の力によるものではなく、あくまでも神ヤハウェのあわれみ、恵みによって成り立っているということを強調するために、それと対比させるために、聖書は、あえてエリとその子孫たちの末路を描いているると理解することができます。

人間の王という罰（一）

イスラエル人の長老たちは、士師サムエルに対して、他の国々と同じように王を立てるよう要求しました。当時サムエルはエリと同様、年老いて、息子たちに士師としての裁きを代行させていましたが、長老たちは彼らを非難していました。長老たちの意図はおそらく、すでに士師職が世襲され、事実上の王制が敷かれているので、それならば、サムエル家よりももっとましな人々を正式に王家とせよ、ということだったのでしょう。

このような要求は、サムエルには悪とうつり、神ヤハウェにとっても、「彼ら〔イスラエル人たち〕の上にわたしが王として君臨することを退けている」こと、つまり、神ヤハウェこそ王であるというギデオン以来のイスラエル人の伝統を否定することでした。そしてこのことを神ヤハウェは、「わたしを捨てて他の神々に仕えること」と同様のこととしました。すなわち十戒の第一戒違反という最悪なことと見なしたのです（サム上八・七－八）。

しかしそれにもかかわらず神ヤハウェはサムエルに対し、イスラエル人たちに従って王を立てるよう命じました。その際イスラエル人たちに対し、王を持つことは王の奴隷になることであるとサムエルに伝えさせたので、イスラエル人たちに人間の王を与えることは、彼らに対する神ヤハウェによる罰という面があったと理解することができます。実際神ヤハウェは、「その日あなたたち〔イスラエル人たち〕は、自分が選んだ王のゆえに、泣き叫ぶ。しかし、主《ヤハウェ》はその日、あなたたちに答えてはくださらない」（サム上八・一八）と語りました。

王の奴隷になるとは、具体的には税を徴収されるということです。すなわち徴兵・徴用、畑の没収、穀物や羊の徴収などです（サム上八・一〇―一七）。これらのような苦しみを通して初めてイスラエル人たちは、神ヤハウェ自身が王として君臨することを望むようになれると考えられているように思われます。

理想の王としての士師

青年サウルは、父親のろばを捜しに行ったとき、途中でサムエルと出会いました。サムエルは、その前の日に神ヤハウェから、サウルに油を注ぎ、イスラエルの指導者とするようお告げを受けていました。サムエルはサウルを食事に誘い、一晩泊めた次の日の朝、サウルを見送る際、彼に油を注ぎました。

この箇所では、人間の王が、イスラエル人たちに税を課して彼らを苦しめる者としてではなく、士師と同じように神ヤハウェが立て、イスラエル人たちを敵（ここではペリシテ人）から救う者として捉えられています（士二・一六参照）。

〈神ヤハウェの言葉〉あなた〈サムエル〉は彼〈サウル〉に油を注ぎ、わたしの民イスラエルの指導者とせよ。この男がわたしの民をペリシテ人の手から救う。民の叫び声はわたしに届いたので、わたしは民を顧みる。

（サム上九・一六）

〔サムエルの言葉〕全イスラエルの期待は誰にかかっているとお思いですか。あなた〔サウル〕にです。そして、あなたの父の全家《ぜんか》にです。

（サム上九・二〇）

〔サムエルの言葉〕主《ヤハウェ》があなたに油を注ぎ、御自分の嗣業の民の指導者とされたのです。

（サム上一〇・一）

このように、罪でもあり罰でもあるものとしての人間の王の存在は、世襲であるなど、士師とは異なる在り方に限られると理解すべきであるように思われます。つまり、士師としての王は神ヤハウェによって、必ずしも否定されてはないように思われます。

好人物サウル

サムエルはミツパにイスラエル人の全部族を集め、部族ごと、氏族ごとにくじを引かせ、サウルを王に選出しました。サムエルはくじ引きの前に、人間の王を立てることは神ヤハウェを退けることであるということを確認しています。

しかし、あなたたちは今日、あらゆる災難や苦難からあなたたちを救われたあなたたちの神を退け、『我らの上に王を立ててください』と主《ヤハウェ》に願っている。よろしい、部族ごと、氏族ごとに主《ヤハウェ》の御前に出なさい。

（サム上一〇・一九）

その一方でサウル個人は、自分では王になることを願っていない謙遜な人物として、また非常に美しく背の高い、外見的に優れた人物として描かれています。

彼には名をサウルという息子があった。美しい若者で、彼の美しさに及ぶ者はイスラエルにはだれもいなかった。民のだれよりも肩から上の分だけ背が高かった。（サム上九・二）

サウルは答えて言った。「わたしはイスラエルで最も小さな部族ベニヤミンの者ですし、そのベニヤミンでも最小の一族の者です。どんな理由でわたしにそのようなことを言われるのですか」（サム上九・二一）

サムエルはイスラエルの全部族を呼び寄せた。ベニヤミン族がくじで選び出された。そこでベニヤミン族を氏族ごとに呼び寄せた。マトリの氏族がくじで選び出され、次にキシュの息子サウルがくじで選び出された。人々は彼を捜したが、見つからなかった。そこで、主《ヤハウェ》に伺いを立てた。「その人はここに来ているのですか」。主《ヤハウェ》は答えられた。「見よ、彼は荷物の間に隠れている」。人々は走って行き、そこから彼を連れて来た。サウルが民の真ん中に立つと、民のだれよりも肩から上の分だけ背が高かった。（サム上一〇・二〇－二三）

王が神に従う難しさ

前述の通り神ヤハウェは、イスラエル人たちが人間の王を立てるよう要求したことを、自身を捨てて他の神々に仕えることと見なしました。しかし次の箇所で神ヤハウェは、イスラエル人たちと彼らの人間の王とが神ヤハウェに仕え、従うならそれでよいと語ります。

〈サムエルの言葉〉今、見よ、あなたたち〈イスラエル人たち〉が求め、選んだ王がここにいる。主《ヤハウェ》はあなたたちに王をお与えになる。だから、あなたたちが主《ヤハウェ》を畏れ、主《ヤハウェ》に仕え、御声に聞き従い、主《ヤハウェ》の御命令に背かず、あなたたちもあなたたちの上に君臨する王も、あなたたちの神、主《ヤハウェ》に従うならそれでよい。しかし、もし主《ヤハウェ》の御声に聞き従わず、主《ヤハウェ》の御命令に背くなら、主《ヤハウェ》の御手は、あなたたちの先祖に下ったように、あなたたちにも下る。

（サム上一二・一三－一五）

〈イスラエル人たちの言葉〉「確かに、我々はあらゆる重い罪の上に、更に王を求めるという悪を加えました」。サムエルは民に言った。「恐れるな。あなたたちはこのような悪を行ったが、今後は、それることなく主《ヤハウェ》に付き従い、心を尽くして主《ヤハウェ》に仕えなさい。……」

（サム上一二・一九－二〇）

だから、前記の言葉に従えば、もし人間の王を立てることが、神ヤハウェを捨て、他の神々に仕えることになるならば、神ヤハウェはその罰として、その人間の王が、税を課すなどして、他の人間を奴隷にするという事態を与えることになるのでしょう。そして実際王制（あるいはもっと広く中央集権的権力）には多くの場合、税を課すこと、またそれによって人々が苦しめられるということが伴うでしょうから、人間の王を立てるということと、その王が神ヤハウェに仕え、従うということとを両立させることは、やはり困難なことであると考えられているように思われます。

罪のない人はいない（四）

サムエルはサウルに対し、自分がギルガルで、焼き尽くす献げ物と和解の献げ物を献げるので、そこで七日間待っているよう命じました（サム上一〇・八）。しかしサムエルは七日過ぎてもギルガルに来ませんでした。ギルガルでは、近くでペリシテ人兵士の大群が集結していたため、イスラエル人たちは恐れをなして逃亡し始めていました。サウルは、おそらく、この逃亡を食い止めるため、焼き尽くす献げ物を自分で神ヤハウェに献げました。遅れて到着したサムエルはこのことを知り、サウルの命令違反のゆえに、彼の王権は続かないと宣言しました。

ペリシテ軍は、イスラエルと戦うために集結した。その戦車は三万、騎兵は六千、兵士は海辺の砂のように多かった。彼らは上って来て、ベト・アベンの東、ミクマスに陣を敷いた。イスラエルの人々は、自分たちが苦境に陥り、一人一人に危険が迫っているのを見て、洞窟、岩の裂け目、岩陰、穴蔵、井戸などに身を隠した。ヨルダン川を渡り、ガドやギレアドの地に逃げ延びたヘブライ人もあった。しかし、サウルはギルガルに踏みとどまり、従う兵は皆、サウルの後ろでおののいていた。サウルは、サムエルが命じたように、七日間待った。だが、サムエルはギルガルに来なかった。兵はサウルのもとから散り始めた。サウルは、「焼き尽くす献げ物と和解の献げ物を持って来なさい」と命じて、焼き尽くす献げ物を献げた。焼き尽くす献げ物を献げ終えたそのとき、サムエルが到着した。サウルは彼に挨拶しようと迎えに出た。サムエルは言った。「あなたは何をしたのか」。サウルは答えた。「兵士がわたしから離れて散って行くのが目に見えているのに、あなたは約束の日に来てくださらない。しかも、ペリシテ軍はミクマスに集結しているのです。ペリシテ軍がギルガルのわたしに向かって攻め下ろうとしている。それなのに、わたしはまだ主《ヤハウェ》に嘆願していないと思ったので、わたしはあえて焼き尽くす献げ物を献げました」。サムエルはサウルに言った。「あなたは愚かなことをした。あなたの神、主《ヤハウェ》がお与えになった戒めを守っていれば、主《ヤハウェ》はあなたの王権をイスラエルの上にいつまでも確かなものとしてくださっただろうに。しかし、今となっては、あなたの王権は続かない。主《ヤハウェ》は御心に適う人を求めて、その人を御自分の民の指導者として立てられる。主《ヤハウェ》がお命じになったことをあなたが守らなかったからだ」

（サム上一三・五－一四）

サウルはおそらく、イスラエル人たちの逃亡を止めなければ、自分と共にとどまってくれた人々の命が、ますます危険にさらされると考えたでしょう。サウルは王ですから、とどまった人たちと共に逃亡することは自己否定となり、できそうにありません。そもそも一般的に軍事において、敵前逃亡は許されません（仲間の命を危険に晒《さら》すので）。ですから、自身と共にとどまってくれた人々の命を何らかの手段で守ろうとするのは、自然な感情のように思われます。そしてこの逃亡を止めるために、神ヤハウェに献げ物を献げ、イスラエル人たちに勇気を与えることは、有効な手段であるとサウルは考えたのでしょう。そこでサウルは致し方なく、サムエルの命令からは多少逸脱して、焼き尽くす献げ物についてだけは自分で献げたのだと思われます。

このようなサウルの判断、行為は、それほど責められるべきものであったとは思われません。サウルの置かれた状況を考えると、仕方なかったように思われます。そもそもサウルの判断、行為が、果たしてサムエルの命令に違反していたかどうかも疑問です。なぜなら、サムエルはサウルに対し、七日間待つように命令し、サウルは七日間待ったからです。

確かに律法では、祭司職はレビ人《びと》の中でアロンの子孫に限られます（出二八・一、民三・六－一〇他）。そしてサウルはレビ人ではなく、前述の通りベニヤミン族です。だから、サウルは祭司ではないので、献げ物を献げてはいけないと言えるように思われるかもしれません。しかし、サムエルもまたレビ人ではありません。彼はエフライム族です（サム上一・一）。だから、サムエルが献げ物を献げようとしたのは、祭司としてではないように思われます。そうであるならば、サウルが献げ物を献げてはいけないとサムエルが言うのも、サウルがレビ人でアロンの子孫ではないからというような、身分の問題でもなさそうです。

このように、なぜサウルがこれほどまでに断罪されなければならないのか、理由はよく分かりません。しかしそれにもかかわらず神ヤハウェはサムエルを通して、サウルの判断、行為を断罪し、彼の王権を存続させる約束を取り消します。このことは、人間の王が神ヤハウェに仕え、従うことがいかに困難であるかということを示しているように思われます。

理想の王子ヨナタン

サウルの息子ヨナタンは、父サウル王とはかなり異なる大胆な性格の王子だったようです。ヨナタンは、「主《ヤハウェ》が我々二人のために計らってくださるにちがいない。主《ヤハウェ》が勝利を得られるために、兵の数の多少は問題ではない」（サム上一四・六）と言って、サウルに黙って従卒と二人でペリシテ人陣地に突撃しました。するとペリシテ人たちはヨナタンの前に倒れ、従卒がとどめを刺していき、こうしてペリシテ人二〇人が討ち取られました。ペリシテ人の陣営には恐怖が広がり、同士討ちが起こりました。そこでイスラエル人たちも出兵し、ペリシテ人たちに勝利しました。

父サウルが、自身で焼き尽くす献げ物を献げることによってイスラエル人たちを勇気づけ、イスラエル人たちの逃亡を食い止めてペリシテ人たちと戦おうとしたのに対し、その息子ヨナタンは、従卒と二人だけでペリシテ人陣営に突撃しました。常識的に考えれば、サウルの判断と行為は妥当であり、ヨナタンの判断、行為は無謀です。しかし神ヤハウェはサウルの王統を取り消し、ヨナタンに勝利を与えました。

実際ヨナタンの発言には、神ヤハウェが戦うというイスラエル人たちの伝統的な考え方が色濃く反映されており、この話の最後の部分（サム上一四・二三）では、「主《ヤハウェ》はこの日、イスラエルを救われた」とされています。また、ペリシテ人陣営に恐怖が広がったのは、「あなたの神、主《ヤハウェ》はまた、彼らに恐怖を送り、生き残って隠れている者も滅ぼし尽くされる」（申七・二〇）という約束の実現と理解することができます。

このように聖書は、人間的な常識よりも、すべては神ヤハウェの業《わざ》であるという考えの方を重視しているように思われます。実際、前に引用したサムエル記上一四章六節の「主《ヤハウェ》が我々二人のために計らってくださる」の「計らってくださる」の原文アーサーは、直訳すれば「してくださる、働いてくださる（英語のdoやact）」となります。

普通の人サウル

サウルが「日の落ちる前、わたしが敵〔ペリシテ人たち〕に報復する前に、食べ物を口にする者は呪われよ」（サム上一四・二四）との命令を出したので、兵士たちは飢えに苦しんでいました。サウルがこう命じたのは、ある種の願掛けだったのか、あるいは兵士たちの引き締めだったのかは分かりません。

ところがヨナタンは、おそらくペリシテ人陣地に突撃していたので、この命令を知らず、森の中で野蜜を食べてしまいました。兵士の一人がサウルの命令を伝えるとヨナタンは、「わたしの父はこの地に煩いをもたらされた」（サム上一四・二九）とサウル批判さえ口にしました。

それを知った兵士たちは、ペリシテ人たちから奪った戦利品の羊、牛を屠《ほふ》り、血を含んだまま食べ始めました。サウルはこの罪が何ゆえなされたのか、くじによって示すよう神ヤハウェに願いました。すると、くじはヨナタンに当たりました。サウルがヨナタンを問い詰めると、ヨナタンは蜜を食べたことを認め、「わたしは死なねばなりません」と言い（サム上一四・四三）、サウルも、「お前は死なねばならない。そうでなければ、神が幾重にもわたしを罰してくださるように」（サム上一四・四四）と語りました。

ところが、ある兵士が「イスラエルにこの大勝利をもたらしたヨナタンが死ぬべきだというのですか。とんでもないことです」（サム上一四・四五）と言ったので、ヨナタンは死を免れました。

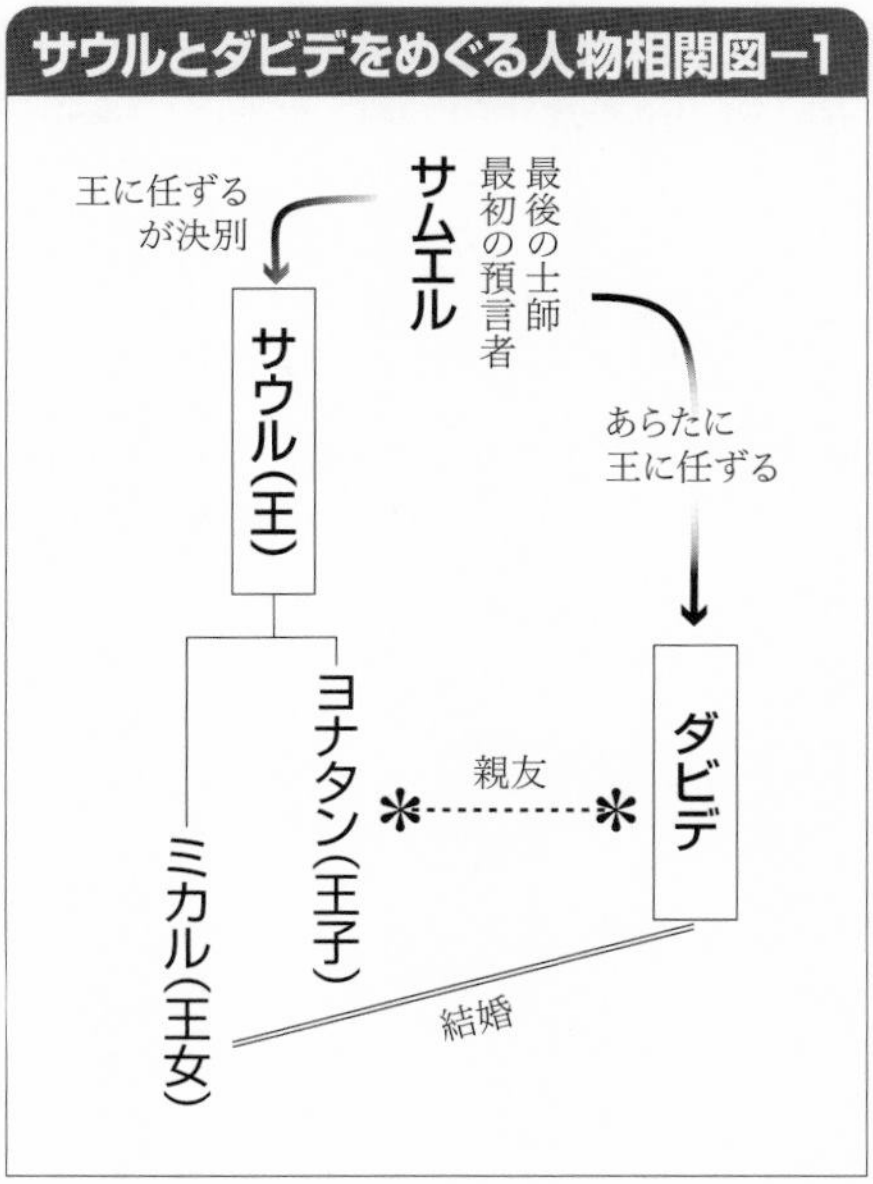

確かにサウルがどういう意図で前記の命令を出したか定かではありませんが、いずれにしても王の命令は重いでしょう。それが戦闘中であればなおさらなように思われます。だからこそ、たとえ王子ヨナタンであっても、たとえ彼が知らなかったとしても、彼は死なねばならないと、ヨナタンも考えたし、サウルも考えたのでしょう。

ではどうしてそれが、一兵士の発言によって撤回されることになったのでしょうか。確かにこの兵士の言うことには一理あります。ヨナタンが突撃して勝利していなければ、イスラエル人全体が皆殺しにされていた可能性がありました。対してサウルはあまりに無力でした。そのサウルが、自身の命令に従わなかったという理由でヨナタンを処刑するというのは理不尽です。なぜなら、王とはこの時代、何にもまして、民を救う軍事指導者を意味したからです。その意味ではヨナタンこそ王にふさわしい人物でした。

それに加えて、サウルは自身の子であるヨナタンを処刑したくはなかったでしょう。しかもこの場合ヨナタンには、命令を聞いていなかったという事情があります。ならばなおさら処刑しにくかったでしょう。これらのことがあいまって、サウルはヨナタンを処刑しなかったように思われます。

その意味でサウルの判断、行為（この場合は不作為）は、普通の人間のものとしてはよく理解できます。ただし彼は、王にふさわしい人間であったと果たして言えるでしょうか。事情はどうあれ、一度出した命令を、一兵士の発言で容易に撤回するような人間が王だったら、統治は混乱するでしょう。だからサウルは、王にはあまりふさわしくない普通の常識的な人間として描かれているように思われます。

罪のない人はいない（五）

神ヤハウェはサムエルを通してサウルに対して、宿敵アマレク人を滅ぼし尽くすよう命じました。すなわち「男も女も、子供も乳飲み子も、牛も羊も、らくだもろばも打ち殺せ。容赦してはならない」（サム上一五・三）と命じました。サウルはそれを実行しました。ただしアマレク人の王アガグは生け捕りにし、羊と牛の最上のものは、神ヤハウェへの供え物とするために取っておきました。サウルはサムエルに対し、「わたしは主《ヤハウェ》の御命令を果たしました」（サム上一五・一三）、「わたしは主《ヤハウェ》の御声に聞き従いました」（サム上一五・二〇）と自分を誇りました。しかし神ヤハウェはサムエルに対し、「わたしはサウルを王に立てたことを悔やむ。彼はわたしに背を向け、わたしの命令を果たさない」（サム上一五・一一）と語り、サムエルを通してサウルの廃位を宣告しました。

サムエルは言った。「主《ヤハウェ》が喜ばれるのは焼き尽くす献げ物やいけにえであろうか。むしろ、主《ヤハウェ》の御声に聞き従うことではないか。見よ、聞き従うことはいけにえにまさり、耳を傾けることは雄羊の脂肪にまさる。反逆は占いの罪に、高慢は偶像崇拝に等しい。主《ヤハウェ》の御言葉を退けたあなたは王位から退けられる」

（サム上一五・二二－二三）

サムエルは自らアガグを殺害し、死ぬまでサウルと会いませんでした。どうしてサウルはアガグと最上の羊、牛を生かしておいたのでしょうか。生きているものの皆殺しを命令されたのに、どうしてサウルは、自分は命令に従っていると考えていたのでしょうか。もしアガグを、サムエルがしたように、後で処刑するつもりであったのなら、サウルが命令に背いたとは、一概には言えないかもしれません。また最上の羊、牛も、後で供え物にするのだから、どのみち殺すことになるから良いとサウルは考えていたのかもしれません。

しかし神ヤハウェはサウルに対し、「彼はわたしに背を向け、わたしの命令を果たさない」という厳しい評価を下します。確かにアガグや最上の羊、牛について、神ヤハウェの理解とサウルの理解に多少の齟齬《そご》があったかもしれません。しかし大筋においてサウルは、神ヤハウェの命令を忠実に実行しています。その上、そのような命令の詳細に関して、細かな指示があったわけではありません。サウルからすれば、命令がどのような仕方で実行されるべきか分からなかったでしょう。にもかかわず、神ヤハウェの考えに少しでも反していれば、それは断罪の対象となり、それによりサウルは廃位させられたのです。

前述の通り、サウルは自ら進んで王になりたがったわけではありません。むしろ彼はなりたくなかったでしょう（サム上九・二一、一〇・二二参照）。しかも彼は、王には必ずしもふさわしい人間ではありませんでした。しかしそれにもかかわらず、彼は彼なりに一生懸命王としての役割を果たそうとしたように思われます。

実際、前回の戦では、サムエルが言った通り七日間彼を待ったものの、来なかったので、やむなく彼の命令に反して、自身で献げ物を献げました。しかしこのことが断罪されてしまいました。今回は名誉挽回とばかりに、サウルはおそらく細心の注意を払って、神ヤハウェの命令に従ったつもりだったでしょう。そのことがサムエル記上一五章一三節、二〇節の発言によく表れています。

その上彼は、神ヤハウェに断罪されると、「わたしは、主《ヤハウェ》の御命令とあなた〔サムエル〕の言葉に背いて罪を犯しました。兵士を恐れ、彼らの声に聞き従ってしまいました」（サム上一五・二四）と、兵士に責任転嫁している面はあるものの、一応悔い改めています。

サウルが廃位を宣告された後、サムエルに強いて一緒に帰ってもらい、神ヤハウェを礼拝したのも（サム上一五・三〇、三一）、彼が対面を気にする人間であるというよりもむしろ、王が突然廃位させられることによる混乱を避けようとする彼の王としての配慮であったと理解することができます。

彼にあえて責められるべきところがあるとすれば、彼が自身の戦勝碑を建てたところでしょう（サム上一五・一二）。この行為は明らかに、神ヤハウェが戦うというイスラエル人たちの伝統的な考え方に反しているからです。しかしこの行為は、この箇所ではほとんど問題にされていません。

以上のように、人間が神ヤハウェの前で罪を犯さず王でいるということが、いかに困難なことであるかということを、この物語は示しているように思われます。

サムエル記上一五章二九節でサムエルはサウルに対し、「イスラエルの栄光である神は、偽ったり気が変わったりすることのない方だ。この方は人間のように気が変わることはない」と語っています。このセリフは民数記二三章一九節の霊能者バラムの次のセリフと似ています。「神は人ではないから、偽ることはない。人の子ではないから、悔いることはない。言われたことを、なされないことがあろうか。告げられたことを、成就されないことがあろうか」。

しかしその一方で神ヤハウェはサムエル記上一五章一一節で、「わたしはサウルを王に立てたことを悔やむ」と語っています。実際二九節の「気が変わったりする」と一一節の「悔やむ」は、原語では同じナーハムのニファル形です（民二三・一九の「悔いる」はナーハムのヒトパエル形です）。

この両者を整合的に理解するためには、新共同訳がしているように、一一節のナーハムを、二九節のように「気が変わる」という意味で取らないというのが、一つの良い方法であるように思われます。その場合、神ヤハウェがサウルを王に立てたことを、後で気が変わって悔やんでいるのではなく、言わば初めから、自分が悲しむようなことを、神ヤハウェが分かっていて、あえてしていると理解することになるでしょう。

神ヤハウェが戦う（三）

ペリシテ軍とイスラエル軍はそれぞれ、戦いに備えて集結していました。そこに、鎧兜《よろいかぶと》と剣《つるぎ》、槍《やり》で重装備した大男のペリシテ人ゴリアトが現れました。彼はイスラエル人たちに対し、代表者による一対一の決闘を申し込んで来ました。負けた側全員が相手の奴隷になることが決闘の条件でした。イスラエル人たちは恐れおののきました。

そこに、エッサイの末息子ダビデが、出兵している兄たちに食料を届け、彼らの安否を確認するようエッサイに頼まれて来ていました。彼は、ゴリアトを打ち取れば大金と王女を手に入れられる聞き、サウルに対し、自分がゴリアトと戦うと申し出ました。サウルは当初、ダビデが少年であり、戦士でもないことから難色を示しましたが、ダビデが、羊飼いとして獅子や熊と闘った経験をアピールしたので、最終的には許可が出ました。

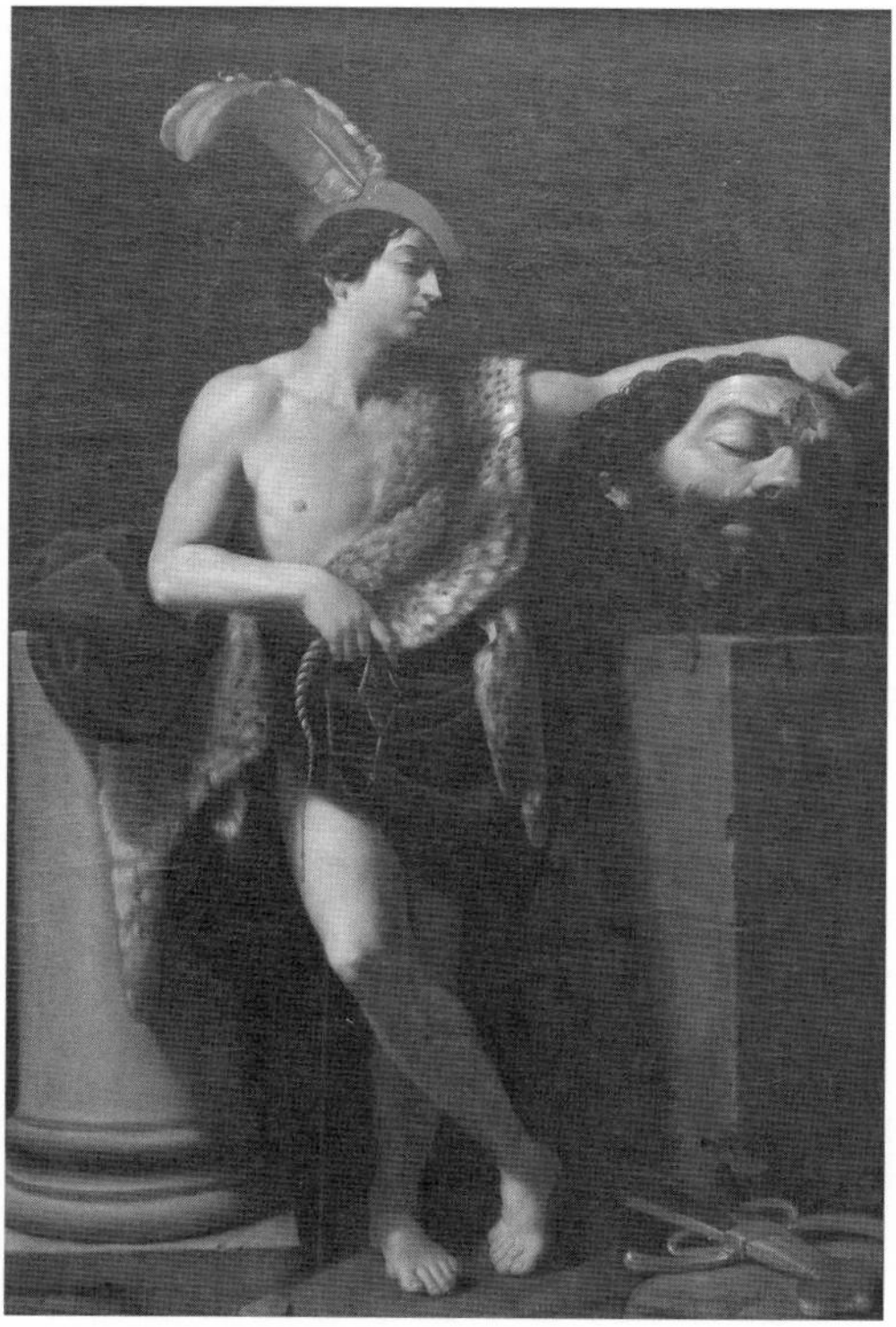

グイド・レーニ「ゴリアトの首を持つダビデ」
フィレンツェ、ウフィッツ美術館

ダビデは最初、サウルが装着していた鎧兜を着せられましたが、着慣れないのでそれを脱ぎ捨て、使い慣れたいつもの杖《つえ》と石と石投げ紐《ひも》だけを手にしてゴリアトに向かいました。そしてゴリアトに対し、神ヤハウェが戦うのであり、武器は必要ないことを宣言しました。

ダビデもこのペリシテ人に言った。「お前は剣や槍や投げ槍でわたしに向かって来るが、わたしはお前が挑戦したイスラエルの戦列の神、万軍の主《ヤハウェ》の名によってお前に立ち向かう。今日、主《ヤハウェ》はお前をわたしの手に引き渡される。わたしは、お前を討ち、お前の首をはね、今日、ペリシテ軍のしかばねを空の鳥と地の獣に与えよう。全地はイスラエルに神がいますことを認めるだろう。主《ヤハウェ》は救いを賜るのに剣や槍を必要とはされないことを、ここに集まったすべての者は知るだろう。この戦いは主《ヤハウェ》のものだ。主《ヤハウェ》はお前たちを我々の手に渡される」

（サム上一七・四五－四七）

ダビデが石投げ紐で投げた石が、ゴリアトの額に食い込み、ゴリアトはうつ伏せに倒れました。ダビデはゴリアトの上にまたがり、ゴリアトの剣を鞘《さや》から取り出し、とどめを刺し、首を切り落としました。ペリシテ軍は敗走し、イスラエル軍は追撃しました。

ダビデもヨナタンと同様、またサウルとは対照的に、神ヤハウェが戦うというイスラエル人たちに伝統的な考え方を持ち、それに基づいて行動していると思われます。

人間の王という罰（二）

サウルはダビデを召し抱え（サム上一八・二）、戦に派遣しました。ダビデはそのたびに勝利し、人々に喜ばれました（サム上一八・五）。やがてサウルはダビデをねたむようになり（一八・九）、ダビデを殺そうと決心しました（サム上二〇・三三）。

ダビデはサウルを逃れ、ノブという町の祭司アヒメレクのところへ行き、食料と武器を求めました。アヒメレクはダビデに対し、聖別されたパンと（普通のパンがなかったので）、ダビデがゴリアトをしとめたゴリアト自身の剣とを与えました。

ギュスターブ・ドレ「サウル、ダビデを殺そうとする」
（『旧約聖書挿絵』）銅版画

サウルはこのことを、アヒメレクの下に派遣していた家臣のエドム人ドエグから聞くと、アヒメレクおよび、ノブで祭司を務めるすべての彼の親族を呼び出し、アヒメレクに次のように問いただしました。

何故、お前はエッサイの子〔ダビデ〕と組んでわたしに背き、彼にパンや剣を与え、神に託宣を求めてやり、今日のようにわたしに刃向かわせ、わたしをねらわせるようなことをしたのか。（サム上二二・一三）

これに対してアヒメレクは次のように答えました。

あなたの家臣の中に、ダビデほど忠実な者がいるでしょうか。ダビデは王様の婿《むこ》、近衛の長、あなたの家で重んじられている者ではありませんか。彼のため神に託宣を求めたのはあの折が初めてでしょうか。決してそうではありません。王様、僕《しもべ》と父の家の者に罪をきせないでください。僕は事の大小を問わず、何も知らなかったのです。（サム上二二・一四―一五）

しかしサウルは、「アヒメレクよ、お前も父の家の者も皆、死罪だ」（サム上二二・一六）と言って、近衛兵に彼らの殺害を命じました。しかし近衛兵にはそれができなかったので、サウルは同じことをドエグに命じました。ドエグは祭司八五人を殺害し、ノブの町の「男も女も子供も乳飲み子も、牛もろばも羊も」（サム上二二・一九）皆殺しにしました。アヒメレクの子アビアタルだけが生き延び、出来事をダビデに伝え、ダビデに保護されました。

前述の通りサウルは、自ら進んで王になりたがったわけではありません。王にはあまりふさわしくない普通の人だったのでしょう。しかし王に選ばれた以上、彼は彼なりに一生懸命王として振る舞おうとしたように思われます。その意味で彼は非常にまじめな人間だったと評価できるかもしれません。しかし結局彼の王統は取り消され、彼自身も廃位させられました。

そんな中ダビデが現れ、彼の人気が急上昇しました。ダビデがサウルに代わる王としてサムエルに油注がれたという事実（サム上一六・一－一三）を、サウルはまだ知らなかったかもしれません。しかしサウルはダビデをねたむようになり、やがて、彼を殺して自身の王統を保全しようとするようになりました。

ところが、サウルの暴走はダビデに対するねたみから、ダビデを殺そうとするにとどまらなくなりました。事情を何も知らずに、ダビデに食料と武器（ゴリアトの剣なので、ダビデのものだったでしょう。つまり、本人の武器を本人に返還したに過ぎません）を渡したアヒメレクを、サウルは死罪にしてしまいました。さらには彼の親族である祭司たちも、彼らが祭司を務めていたノブの町のすべての住民までも殺してしまいました。これはもはや八つ当たりとし

サウルとダビデをめぐる人物相関図－2

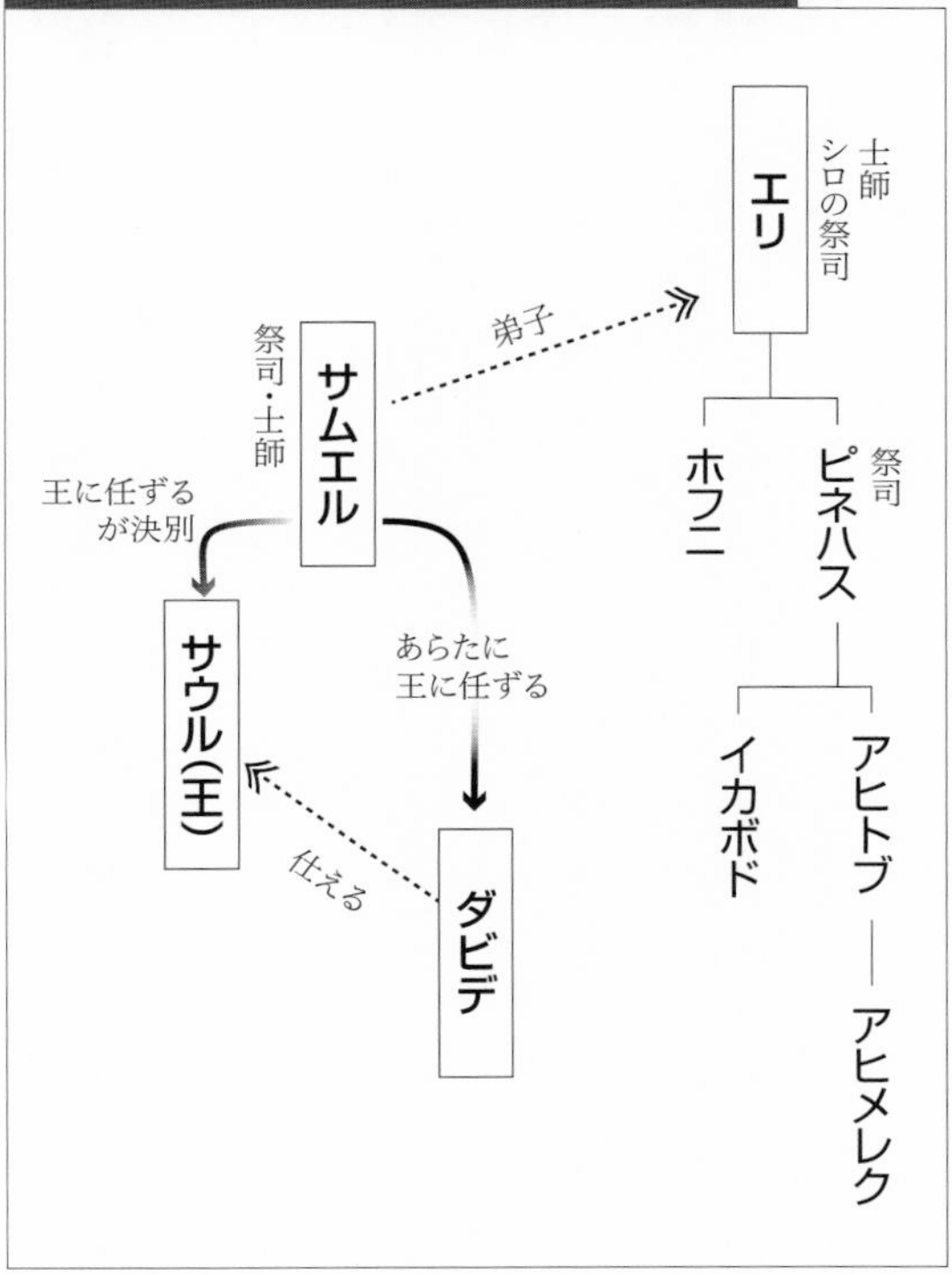

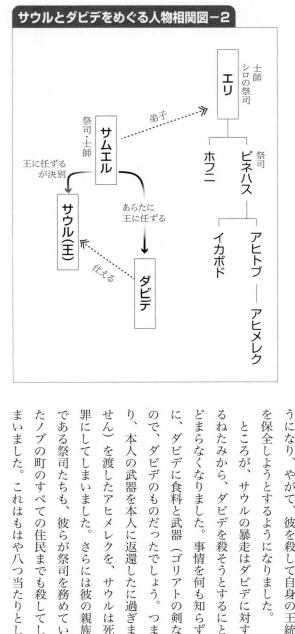

か評価できない行為です。

「男も女も子供も乳飲み子も、牛もろばも羊も」という言葉は、神ヤハウェがサウルに対し、アマレク人を滅ぼし尽くすよう命じたときに用いたのと同じ言葉です。サウルはこの命令を忠実に果たさなかったという理由で廃位させられました。そしてサウルは廃位させられたことの腹いせに、ノブの町の人々を、命じられてもいないのに、何の理由もなく滅ぼし尽くしたのです。普通の常識的な人間であったサウルを、王位への執着がここまでの狂気に駆り立てたと理解することができます。

近衛兵たちは、神ヤハウェの祭司たちを殺せと命令されても、さすがにそれはできませんでした。神ヤハウェを信仰するイスラエル人には、王に命じられたとはいえ、彼らを殺害することはできなかったのでしょう。その一方でドエグは異邦人、おそらく異教徒だったから、それができたのでしょう。近衛兵たちが命令に従わなかったとき、それに対してサウルは何も言わず、ドエグに殺害を命じました。神ヤハウェを信仰しているイスラエル人には実行できない命令であるということを、サウル自身も理解していたのかもしれません。

サウルは、アヒメレクの件を知る直前に、次のようなことを語っていました。

サウルは傍らに立っている家臣に言った。「ベニヤミンの子らよ、聞くがよい。エッサイの子が、お前たち皆に畑やぶどう畑を与え、皆を千人隊の長や、百人隊の長にするであろうか。お前たちは皆、一団となってわたしに背き、わたしの息子とエッサイの子が契約を結んでもわたしの耳に入れない。息子がわたしの僕をわたしに刃向かわせ、今日のようにわたしをねらわせても、憂慮もしないし、わたしの耳に入れもしない」

（サム上二二・七－八）

サウルはここで明らかに、自分が家臣たちに畑や官職を与えていると考えています。これは、神ヤハウェこそ王であるというイスラエル人たちの伝統的な考えに反していると思われます。居合わせた家臣たちが皆サウルと同族のベニヤミン族であるという点にも、彼の傲慢さが表されているのかもしれません。また、サウルの家臣たちが一団となってサウルに背いているということも、聖書には書かれていません。これはサウルの被害妄想として描かれているようです。これらのことにも、人間が王になることの困難さが表れているように思われます。

アヒメレクはアヒトブの子とされています（サム上二二・九、一一）。アヒトブはエリの息子の一人ピネハスの息子イカボドの兄弟です（サム上一四・三）。つまりエリの子孫です。だから、アヒメレクと彼の親族たちの悲劇は、エリの子孫に対する神ヤハウェの呪いの実現と理解することができます（サム上二・二七―三五）。つまり、神ヤハウェは祭司たちに対する罰を、サウルの狂気を通して実行していると考えられるのです。

素直な人サウル

サウルは三〇〇〇人の兵士と共にダビデを追っていました。その途中、用を足すために洞窟に入りました。しかしその奥には、ダビデとその仲間たちが座っていました。仲間たちはダビデにサウルを殺すよう促しましたが、ダビデはサウルの上着の端をひそかに切り取っただけで戻り、「わたしの主君であり、主《ヤハウェ》が油を注がれた方に、わたしが手をかけ、このようなことをするのを、主《ヤハウェ》は決して許されない。彼は主《ヤハウェ》が油を注がれた方なのだ」（サム上二四・七）と語りました。

サウルが洞窟を出て先へ進むと、ダビデも洞窟を出て、サウルに背後から声をかけました。サウルが振り返るとダビデは地に顔を伏せ、サウルに対し、今起こった出来事を説明し、サウルが自分を追い回すことの不当さを訴えました。

〈ダビデは〉サウルに言った。「ダビデがあなたに危害を加えようとしている、などといううわさになぜ耳を貸されるのですか。今日、主《ヤハウェ》が洞窟であなたをわたしの手に渡されたのを、あなた御自身の目で御覧になりました。そのとき、あなたを殺せと言う者もいましたが、あなたをかばって、『わたしの主人に手をかけることはしない。主《ヤハウェ》が油を注がれた方だ』と言い聞かせました。わが父よ、よく御覧ください。あなたの上着の端がわたしの手にあります。わたしは上着の端を切り取りながらも、あなたを殺すことはしませんでした。御覧ください。わたしの手には悪事も反逆もありません。あなたに対して罪を犯しませんでした。それにもかかわらず、あなたはわたしの命を奪おうと追い回されるのです。主《ヤハウェ》があなたとわたしの間を裁き、わたしのために主《ヤハウェ》があなたに報復されますように。わたしは手を下しはしません。古いことわざに、『悪は悪人から出る』と言います。わたしは手を下しません。イスラエルの王は、誰を追って出て来られたのでしょう。あなたは誰を追跡されるのですか。死んだ犬、一匹の蚤《のみ》ではありませんか。主《ヤハウェ》が裁き手となって、わたしとあなたの間を裁き、わたしの訴えを弁護し、あなたの手からわたしを救ってくださいますように」

（サム上二四・一〇－一六）

それに対してサウルは、「わが子ダビデよ、これはお前の声か」とダビデに語りかけ、声をあげて泣き、次のように謝罪しました。

〔サウルは〕ダビデに言った。「お前はわたしより正しい。お前はわたしに善意をもって対し、わたしはお前に悪意をもって対した。お前はわたしに善意を尽くしていたことを今日示してくれた。主《ヤハウェ》がわたしをお前の手に引き渡されたのに、お前はわたしを殺さなかった。自分の敵に出会い、その敵を無事に去らせる者があろうか。今日のお前のふるまいに対して、主《ヤハウェ》がお前に恵みをもって報いてくださるだろう。今わたしは悟った。お前は必ず王となり、イスラエル王国はお前の手によって確立される」

（サム上二四・一八－二一）

サウルはあれほどの狂気に駆り立てられていながら、ダビデの訴えに対して率直に反省し、謝罪できる人間でした。それだけに、王位というもの、またそれへの執着というものが駆り立てる狂気の恐ろしさを、ますます感じさせる物語と理解することができます。

なぜサウルは、「わが子ダビデよ、これはお前の声か」とたずねたのでしょうか。いくらダビデが地に顔を伏せて話しているとはいえ、サウルは娘婿ダビデと共に宮廷で暮らしていましたし、話の内容からしても、話しているのがダビデであるのは明らかなように思われます。もしかすると、サウルはダビデに対し、顔を上げろと言っているのかもしれません。僕ならば本来王の前では、地に顔を伏して話すのが当然だったのかもしれません。しかしここでサウルは、そのような僕と王という関係を取っ払って、人間同士としてあるいは父と子として語りたいということを、この問いは意味していたのかもしれません。

サウルとダビデは何ら変わらない

カレブ人のナバルは、裕福だが頑固で行状の悪い男でした。荒れ野にいたダビデはこのナバルに対し、従者を通して、ナバルが有している牧童を保護したことを持ち出し、食料を乞いました。しかしナバルは「ダビデとは何者だ」と言って食料提供を拒否しました。ダビデは仲間たちに対し、ナバルに属する男たちを皆殺しにするよう命じました。
ダビデの理屈はまるで暴力団のようです。確かにダビデたちはナバルの牧童、従者たちを荒れ野で侮辱せず、むしろ彼らの物を守り、防壁の役を果たしたようです。

〈ダビデの言葉〉あなた〈ナバル〉の牧童は我々のもとにいましたが、彼らを侮辱したことはありません。彼らがカルメルに滞在していた間、無くなったものは何もないはずです。（サム上二五・七）

〈ナバルの従者の言葉〉あの人たち〈ダビデたち〉は実に親切で、我々が野に出ていて彼らと共に移動したときも、我々を侮辱したりせず、何かが無くなったこともありません。彼らのもとにいて羊を飼っているときはいつも、彼らが昼も夜も我々の防壁の役をしてくれました。（サム上二五・一五－一六）

しかしその一方で、ナバルは「ダビデとは何者だ」と言っています。つまりダビデたちは、ナバルの意志とは関係なく、言わば勝手にナバルの牧童、従者たちを守ったのでしょう。それなのにダビデは、その恩に報いてナバルが食料を提供しないことを悪と考え、彼らを皆殺しにしようとしているのです。

ダビデはこう言ったばかりであった。「荒れ野で、あの男の物をみな守り、何一つ無くならぬように気を配ったが、それは全く無益であった。彼は善意に悪意をもって報いた。明日の朝の光が射すまでに、ナバルに属する男を一人でも残しておくなら、神がこのダビデを幾重にも罰してくださるように」
（サム上二五・二一－二二）

ダビデはかつて、自分を不当に追い回すサウルに対し、次のように語っていました。

主《ヤハウェ》があなたとわたしの間を裁き、わたしのために主《ヤハウェ》があなたに報復されますように。わたしは手を下しはしません。古いことわざに、「悪は悪人から出る」と言います。わたしは手を下しません。
（サム上二四・一三－一四）

それなのにこの箇所でダビデは、ほぼ何の罪もないと思われるナバルたちを、自らの手で皆殺しにしようとしているのです。それは、何の罪もないアヒメレクたちを皆殺しにしたサウルと何ら変わりありません。ナバルの妻アビガイルは聡明で美しい女性でした。彼女は夫ナバルがしたことを聞き、すぐさま多くの食料をろばに積み、ダビデのところに行ってひれ伏し、謝罪しました。そしてその上で、ダビデがしようとしていることを暗に批判し、ダビデを思いとどまらせようとしました。

主《ヤハウェ》が約束なさった幸いをすべて成就し、あなたをイスラエルの指導者としてお立てになるとき、いわれもなく血を流したり、御自分の手で復讐《ふくしゅう》なさったことなどが、つまずきや、お心の責めとなりませんように。
（サム上二五・三〇－三一）

これに対して、ダビデは次のようにアビガイルに感謝しました。

イスラエルの神、主《ヤハウェ》はたたえられよ。主《ヤハウェ》は、今日、あなたをわたしに遣わされた。あなたの判断はたたえられ、あなたもたたえられよ。わたしが流血の罪を犯し、自分の手で復讐することを止めてくれた。イスラエルの神、主《ヤハウェ》は生きておられる。主《ヤハウェ》は、わたしを引き止め、あなたを災いから守られた。あなたが急いでわたしに会いに来ていなければ、明日の朝の光が射すころには、ナバルに一人の男も残されていなかっただろう。

（サム上二五・三二－三四）

このようにダビデは、これから自分が敵に対してしようとしていることを、その敵の妻が批判しているのに、その批判を素直に受け入れ、反省し、謝罪しました。このような率直さは、ダビデを殺そうと追い回していたサウルが、ダビデ本人に非難されたのを、素直に受け入れて反省し謝罪したのとたいへんよく似ています。

つまりこの物語は、ダビデはたまたま（すなわち神ヤハウェの力によって）アビガイルのおかげでナバルたちを皆殺しにせずに済んだが、怒りにまかせて不当に人を殺そうとしてしまうところ、しかしそれを非難されれば、素直に認め反省し謝罪できるところがある点で、ダビデはサウルと何ら変わらないということを示す物語として理解することができます。ではなぜサウルは滅び、ダビデは栄えるのか。そこには、人間的な意味での理由はないように思われます。

アビガイルのしたことを聞いたナバルは意識をなくし、石のようになり、一〇日ほどして死にました。そしてその後ダビデはアビガイルを自分の妻としました。ナバルは神ヤハウェが打ったとされています。なぜ神ヤハウェはナバルを打ったのでしょうか。

ナバルが死んだと聞いたダビデは、「主《ヤハウェ》はたたえられよ。主《ヤハウェ》は、ナバルが加えた侮辱に裁きを下し、僕に悪を行わせず、かえって、ナバルの悪をナバルの頭《こうべ》に返された」と言った。（サム上二五・三九）

このダビデの解釈は果たして正しいでしょうか。ナバルはそれほど悪かったでしょうか。確かにナバルには常識はずれなところがあったかもしれません。しかし、彼らが皆殺しにされるほどの理由はなかったように思われます。少なくとも神的な理由（たとえばダビデがナバルを殺すよう神ヤハウェから命令されているなど）は見当たりません。神ヤハウェがナバルを打った理由はよく分かりませんが、もしかすると、ダビデに私的復讐をさせないために、あえてナバルを犠牲にしたと理解できるかもしれません。

ダビデの真意は？（一）

ダビデがサウルから逃れた後、ダビデの下には彼の兄弟、親戚の他、困窮している者、負債のある者、不満を持つ者が集まり（サム上二二・一－二）、六〇〇人に達していました（サム上二三・一三、二五・一三）。ダビデは依然としてサウルを恐れていたので、何と、敵対するペリシテ人でガトの王であるアキシュの家臣となり、ツィクラグという町の領主になりました（サム上二七・一－六）。ダビデは、ペリシテ人たちとイスラエル人たちとの戦いに、ペリシテ人側として出陣しようとしますが、ペリシテ人の他の武将たちの反対に会い、やむなくツィクラグに戻りました（サム上二九・一－一一）。

ところが、そのツィクラグに戻ってみると、ダビデらがいない間に、アマレク人たちが町に火を付け、ダビデらの妻子を含むすべての住民を連れ去っていました。ダビデら六〇〇人は、神ヤハウェの託宣に従ってアマレク人たちを追いました。しかしその途中、疲労のため二〇〇人が落後《らくご》しました。

ダビデらは、途中、病のためアマレク人に捨てられたエジプト人奴隷を保護し、彼の案内で、お祭り騒ぎをしていたアマレク人たちを発見し、彼らを攻撃し、奪われたものすべてを取り返し、さらに羊と牛を戦利品として奪いました。

あるダビデの兵は、落後した者たちに戦利品を分けることに反対しましたが、ダビデは、勝利したのは自分たちではなく神ヤハウェであり、戦利品は神ヤハウェが与えたものであるということを理由に、落後者たちにも戦利品を分けました。

しかし、ダビデは言った。「兄弟たちよ、主《ヤハウェ》が与えてくださったものをそのようにしてはいけない。我々を守ってくださったのは主《ヤハウェ》であり、襲って来たあの略奪隊を我々の手に渡されたのは主《ヤハウェ》なのだ。誰がこのことについてあなたたちに同意するだろう。荷物のそばにとどまっていた者の取り分は、戦いに出て行った者の取り分と同じでなければならない。皆、同じように分け合うのだ」

（サム上三〇・二三―二四）

ダビデは、神ヤハウェが戦うというイスラエル人たちに伝統的な考え方に基づいて、戦利品は出兵した兵士たちが獲得したものではなく、神ヤハウェが獲得し、それを神の民イスラエル人全員に与えたものと理解して、落後者にも分け与えたように見えます。確かにそういう面もあったでしょう。しかし果たしてそれだけだったのでしょうか。

落後者にも戦利品を分け与えるとは、ダビデ軍の「福利厚生」はたいへん行き届いています。少なくとも、病の奴隷を捨てるアマレク軍とは大違いです。このような特徴は、この軍に志願する者を増やすかもしれません。

ダビデ軍はそもそもサウル治世に対する不満分子の集まりでした。彼らは、サウルと対抗するためなら、イスラエル人が長年敵対してきたペリシテ人の王の家臣にさえなり、イスラエル軍に対して出陣するような集団です。しかもその王をだましつつそうしているのです（サム上二七・八－一二）。

このような軍の長であるダビデが、神ヤハウェが戦うというイスラエル人に伝統的な考え方の美名の下、自軍の「福利厚生」の良さを売りにして、志願兵を募っている可能性は否定できないのではないでしょうか。

実際、ダビデは自身と同部族であるユダの長老たちにも戦利品を分けています。戦利品は神ヤハウェがイスラエル人全員に与えたのならば、サウルにもベニヤミン族にも分け与えるべきです。それなのに、ただ同族のユダ族だけに分け与えています。もしそうであるとすれば、少年のころのダビデやヨナタンの純粋さと何と異なることでしょう。

このように、この物語は、ある一つの行動が、イスラエル人に伝統的な考え方に基づく行動であるのか、打算に基づく行動なのか分からない場合があるということを表現していると理解することができます。

八

サムエル記　下

ダビデの真意は？（二）

ツィクラグに戻っていたダビデのところに、寄留者である一人のアマレク人が、サウルとヨナタンがペリシテ人との戦で戦死したことを知らせに来ました。このアマレク人の話によると、彼は戦場でサウルにとどめを刺すよう言われたので、とどめを刺し、サウルの王冠と腕輪をダビデのところに持ってきたとのことでした。

このサムエル記下冒頭の証言は、直前のサムエル記上末尾三一章と一致しません。後者によれば、サウルはペリシテ軍の射手により深手を負い、自分の従卒（このアマレク人ではない）に対し、自分の剣でとどめを刺すよう命じたが、この従卒は非常に恐れ、できなかったので、サウルは自分で自分の剣の上に倒れ伏して死に、従卒もその上に倒れ伏して死んだ、となっています。

サムエル記上三一章は、事実そうであったという体裁で書かれていますが、その一方でこの寄留アマレク人の話は、あくまでも彼の証言という形で書かれています。なので、サムエル記上の記述が事実で、寄留アマレク人の話は嘘であると理解するのが妥当でしょう。では、なぜこの寄留アマレク人はこのような嘘をついたのでしょうか。おそらく彼は戦場で、サウルの遺体と、彼が身に着けていた王冠、腕輪を発見したので、サウルを自分が討ち取ったことにし、その王冠と腕輪を、次期王と目されるダビデのところに持ち込めば、ダビデが手柄として評価してくれるのではないかと考えたのかもしれません。

しかし、ダビデは真逆の対応を取ります。ダビデと、共にいた者たちはみな、自分の衣を引き裂き、サウル、ヨナタン、イスラエル人たちを悼んで泣き、夕暮れまで断食しました。そしてダビデはこの寄留アマレク人に対し、「主《ヤハウェ》が油を注がれた方を、恐れもせず手にかけ、殺害するとは何事か」（サム下一・一四）と言って彼を従者に殺害させ、「お前の流した血はお前の頭《かしら》に返る。お前自身の口が、『わたしは主《ヤハウェ》が油を注がれた方を殺した』と証言したのだから」（サム下一・一六）と語りました。

確かに、神ヤハウェが油注いだ人間を殺すことは、神ヤハウェが許さないという考えをダビデは持っていました（サム上二四・七、二六・九）。だから、ダビデはこの考えに基づいて、この寄留アマレク人を殺害したと考えることはできます。実際サウルの従卒は、とどめを刺すようサウルに命じられても、怖くてできなかったのです。

しかし、ダビデがこの寄留アマレク人を殺した理由は、果たしてそれだけだったのでしょうか。この寄留アマレク人は、彼自身の証言によれば、サウルがとどめを刺すように言ったから刺したのです。しかもそれはサウルが「倒れてしまわれ、もはや生き延びることはできまいと思ったから」（サム下一・一〇）でした。つまり、とどめを刺さなくてもサウルは死んだのです。寄留アマレク人の行為は、サウルの願いを実現するというだけでなく、彼を楽にしてやることを目的とした行為だったというのが、この寄留アマレク人の主張です。それなのに、彼自身の証言に基づいて彼を殺害するというのは、あまりに行き過ぎではないでしょうか。宿敵アマレク人とは言え、寄留している以上、ぞんざいに扱ってよいということにはならないはずです（出二二・二〇参照）。

ダビデは次のように考えていたのかもしれません。すなわち、どんな状況であれイスラエル人であれば、神が油注いだ人間を殺害することはできない。サウルがアヒメレクとその親族である祭司たちを皆殺しにするよう命じたとき、イスラエル人である近衛兵はできなかった。しかしエドム人ドエグは、おそらく神ヤハウェを信仰していないのででき た。それと同じようにこのアマレク人も、神ヤハウェを信じていない異邦人だからこそ、サウルを殺害できたのだ。

しかしまた、次のような見方も可能かも知れません。すなわち、この寄留アマレク人は、サウルが死ねば次期王はダビデであり、ダビデはサウルの死を喜ぶと考えていたでしょう。しかし、人々にもそのように思われて王になることは、ダビデにとってはかなりのマイナスであったと思われます。実際ダビデはこの後、彼の出身部族であるユダ族以外のイスラエル人たち（つまり北イスラエルの人々）、特にサウルに関係するベニヤミン族から恨まれ続け、それが彼のイスラエル王としての統治の障害になるのです。

そう考えると、ここでダビデは、先を見越して、何としても、サウルの死を喜んでいると思われないような態度を取らなければならなかったのかもしれません。だからそれのためにこの寄留アマレク人に対して、あえて厳しい態度を取ったと考えることも可能なように思われます。

したがってこの物語もまた、ある行為が、王を与えるという神ヤハウェの行為を尊重してなされたことなのか、打算に基づいてなされたことなのか分からない場合があるということを表現していると理解することができます。

ダビデ王統への疑い

ダビデはヘブロンという町へ行き、そこでユダ族の人々に油を注がれ、ユダ族の王となりました（サム下二・四）。

確かに、サウルはサムエルによって廃位させられ、ダビデはまだ少年だった頃すでに、イスラエルの王としてサムエルによって油注がれていました（サム上一六・一三）。だからダビデにはイスラエルの王になる正当性があります。そしてこれらのことをダビデもイスラエルの人々も、知っていたようにも見えます。

〈サウル軍司令官アブネルの言葉〉主《ヤハウェ》がダビデに誓われたことを、わたしがダビデのために行わないなら、神がこのアブネルを幾重にも罰してくださるように。わたしは王権をサウルの家から移し、ダビデの王座をダンからベエル・シェバに至るイスラエルとユダの上に打ち立てる。（サム下三・九―一〇）

〈アブネルの言葉〉主《ヤハウェ》はダビデに、「わたしは僕《しもべ》ダビデの手によって、わたしの民イスラエルをペリシテ人の手から、またすべての敵の手から救う」と仰せになったのだ。（サム下三・一八）

〈イスラエル全部族の言葉〉主《ヤハウェ》はあなた〈ダビデ〉に仰せになりました。「わが民イスラエルを牧するのはあなただ。あなたがイスラエルの指導者となる」と。（サム下五・二）

しかしその一方で、ダビデがサムエルに油注がれたのは、サウル同様非常にプライベートな形ででした。また、ダビデの場合はサウルの場合のように、イスラエル人たち全員の前で神によってくじで選ばれた（サム上一〇・一七―二四）のではなく、ダビデが属する部族であるユダ族のみによって、まずユダ族の王として選ばれました。だからダビデの即位は、ユダ族が他の部族を支配するプロセスのように見えたでしょう。サウルはベニヤミン族という最弱小部族の出身だったのに対し、ダビデは最大部族出身だったからです。

実際ダビデはギレアドのヤベシュという町に使者を送り、ユダ族の王となった挨拶をしました。この町の人々は、アンモン人に襲われたとき、サウル率いるイスラエル人たちによって救われ（サム上一一・一－一一）、ペリシテ人たちがサウルの遺体を城壁にさらしたとき、それを取り下ろして持ち帰り、火葬しました（サム上三一・一一－一三）。つまりダビデは、サウルに関係する人々に気を使っているように思われるのです。


ダビデはギレアドのヤベシュの人々に使者を送ってこう言わせた。「あなたがたが主《ヤハウェ》に祝福されますように。あなたがたは主君サウルに忠実を尽くし、彼を葬りました。今、主《ヤハウェ》があなたがたに慈しみとまことを尽くしてくださいますように。わたしも、そうしたあなたがたの働きに報いたいと思います。力を奮い起こし、勇敢な者となってください。あなたがたの主君サウルは亡くなられましたが、ユダの家はこのわたしに油を注いで自分たちの王としました」（サム下二・五－七）

ここでダビデは、サウルは廃位させられており、自分がイスラエルの王として油注がれているのだ、などという言い方はしていません。

サウル軍司令官アブネルは、当然のごとく、サウルの息子イシュ・ボシェトを全イスラエルの王として擁立しました。この結果、アブネル率いるサウル軍と、ヨアブ率いるダビデ軍は内戦に突入しましたが、やがて休戦しました。

ところが、アブネルがサウルの側女《そばめ》であったリツパと通じたことにイシュ・ボシェトが腹を立てると、アブネルはイシュ・ボシェトをあっさり見限り、ダビデに使者を送り、ダビデの味方となって全イスラエルをダビデにつかせると申し出ました。これに対しダビデは、かつてサウルがダビデに妻として与え（サム上一八・二七）、後に奪われた（サム上二五・四四）サウルの娘ミカルを連れて来ることを条件にこれを了承しました。こうしてミカルは再びダビデに与えられました。

アブネルが、自分の要求が通らないからという理由で、簡単にダビデ側に寝返ってしまったところを見ると、彼がイシュ・ボシェトを擁立したのは、サウルの王統の正当性を信じてのことでなかったことは明らかなように思われます。しかし、もしアブネルが、サムエル記下三章一八節の通り、ダビデの王統の正当性を本当に信じていたとするならば、そもそもなぜ彼はイシュ・ボシェトを王に擁立したのか、またなぜそれを、神の意志に従ってではなく、自分の都合で放棄するのか、理由が分かりません。

そうすると、ダビデの王統の正当性に関する前述のアブネルの言葉の信用性が怪しくなります。実際これらの言葉はアブネルがダビデ側に寝返るときのセリフです。だから、アブネルが自分の都合でダビデ側に寝返ることを神的に正当化するために、ダビデの王統の正当性をでっち上げた可能性は否定できません。そしてもし、これらのような言葉が前述のイスラエル全部族の認識の根拠であるならば、イスラエル人たちが持つダビデの王統に対する信頼の根拠は、アブネルの信用できない発言ということになります。少なくともそのような印象がイスラエル人たちに持たれた可能性はあるでしょう。

ダビデがミカルを要求したのは、死んだサウルの娘婿に再びなることによって、サウルの正統な王位継承者であるということをイスラエルの人々に主張したかったからかもしれません。もしそうだとすれば、自分が全イスラエルの王になるということについて、イスラエルの人々の同意が得られにくいという認識が、ダビデにあったことになるでしょう。ただし、サウルの息子を自分で倒してまでそれを主張できるとはとても思えません。だから、ミカルを妻に娶《めと》るということが、ある種の効果を発揮するとすればそれは、サウルの息子がいなくなる場合のみでしょう。

ダビデの真意は？（三）

アブネルは（北）イスラエルの長老たちにダビデを王とするよう要請し、ベニヤミン族とも直接話をした後、ヘブロンにやって来ました。ダビデは酒宴を催し、全イスラエルをダビデの下に集めるためにアブネルを送り出しました。一方、略奪の仕事から帰ってきたヨアブは、アブネルのことを知ってダビデに抗議し、ダビデに黙ってアブネルを呼び戻し、彼をヘブロンで暗殺しました。この暗殺には、内戦中アブネルが、ヨアブの弟アサエルを殺したことに対する復讐《ふくしゅう》という面がありました。

これを聞いたダビデはヨアブを呪いました。

> ネルの子アブネルの血について、わたしとわたしの王国は主《ヤハウェ》に対してとこしえに潔白だ。その血はヨアブの頭に、ヨアブの父の家全体にふりかかるように。ヨアブの家には漏出の者、重い皮膚病を病む者、糸紡ぎしかできない男、剣に倒れる者、パンに事欠く者が絶えることのないように。
>
> （サム下三・二八―二九）

そしてダビデはアブネルの葬儀を行い、彼の死を悼みました。

> ダビデは、ヨアブとヨアブの率いる兵士全員に向かって、「衣服を裂き、粗布をまとい、悼み悲しんでアブネルの前を進め」と命じ、ダビデ王自身はアブネルのひつぎの後に従った。一同はアブネルをヘブロンに葬った。王

はその墓に向かって声をあげて泣き、兵士も皆泣いた。王はアブネルを悼む歌を詠んだ。「愚か者が死ぬようにアブネルは死なねばならなかったのか。手を縛られたのでもなく、足に枷《かせ》をはめられたのでもないお前が。不正を行う者の前に倒れるかのように倒れねばならなかったのか」。兵士は皆、彼を悼んで更に泣いた。

（サム下三・三一－三四）

このような態度によりダビデは、すべてのイスラエル人たちから信頼を得ました。

兵士は皆これを知って、良いことと見なした。王のすることは常に、兵士全員の目に良いと映った。すべての兵士、そして全イスラエルはこの日、ネルの子アブネルが殺されたのは王の意図によるものではなかったことを認めた。

（サム下三・三六－三七）

なぜダビデはヨアブを呪い、アブネルの死を悼んだのでしょうか。確かにダビデは、理由なく人を殺したヨアブを呪い、殺されたアブネルを悼んだだけのようにも見えます。それが、神に油注がれた者であるサウルの部下が殺されたとなればなおさらであると理解する人もいるかもしれません。しかし事態はそれほど単純ではないように思われます。実際、ヨアブがアブネルを殺す理由は、ないわけではありません。民数記三五章一九節では、血の復讐が認められています（この場合、ヨアブの弟アサエルを殺したアブネルの行動が、致し方なかったものかが問題となるでしょう）。それに、ダビデがヨアブを呪うなら、ダビデはヨアブのこの行為を不当なものと評価しているはずです。ならばなぜダビデはヨアブを生かしておくのでしょうか。ダビデがヨアブを律法に従って（出二一・一四他）処刑しない理由が分かりません。

アブネルの死は、ダビデにとってどのような意味を持っていたのでしょうか。もしダビデが、自分の力で全イスラエルの王になろうとしていたのならば、ダビデに味方し、全イスラエルをダビデにつかせようとしていたアブネルの死は一見痛手のようにも見えます。しかしよく考えてみると、事態は逆かもしれません。すなわち、イシュ・ボシェトは、サウルの息子であるにもかかわらず、アブネルに擁立されなければ王になれない存在だったようです。実際「サウル王家ではアブネルが実権を握るようになってい」ました（サム下三・六）。アブネルの言動や、それに対するイシュ・ボシェトの態度にも、イシュ・ボシェトの力の無さが表れているように思われます（ちなみにアブネルはサウルのいとこです。サム上一四・五〇参照）。だとすると、アブネルが死ねば、ダビデには事実上敵はいなくなります。逆にアブネルの力でダビデが全イスラエルの王になると、後でアブネルの影響力を排除することは難しくなり、ダビデが全イスラエルの真の王になることも難しくなるかもしれません。だから、もしダビデが自分の力で全イスラエルの王になろうとしていたのならば、アブネルの死はダビデにとって好都合であったということになります。

だから、ダビデは、自分の力で全イスラエルの王になろうとしているがゆえに、アブネルの死を喜んでいるのではないかという疑念があった可能性があります。もしかするとアブネルをヨアブに殺させたのはダビデではないかとさえ疑われていたのかもしれません（サム下三・二八、三七参照）。そのような疑念に対してダビデは、ヨアブを呪い、アブネルの死を悼むことによって、アブネルの死を喜んでいない、アブネルをヨアブに殺させてはいない、自分の力で全イスラエルの王になりたいわけではないということを示そうとしたのかもしれません。

しかし、そのような態度は逆に、ダビデが自分の力で全イスラエルの王になろうとしていたことを示していると理解することもできます。なぜなら、もしダビデがアブネルの死を望んでいたと思われて、アブネルの下にいた北イス

サウルとダビデをめぐる人物相関図－3

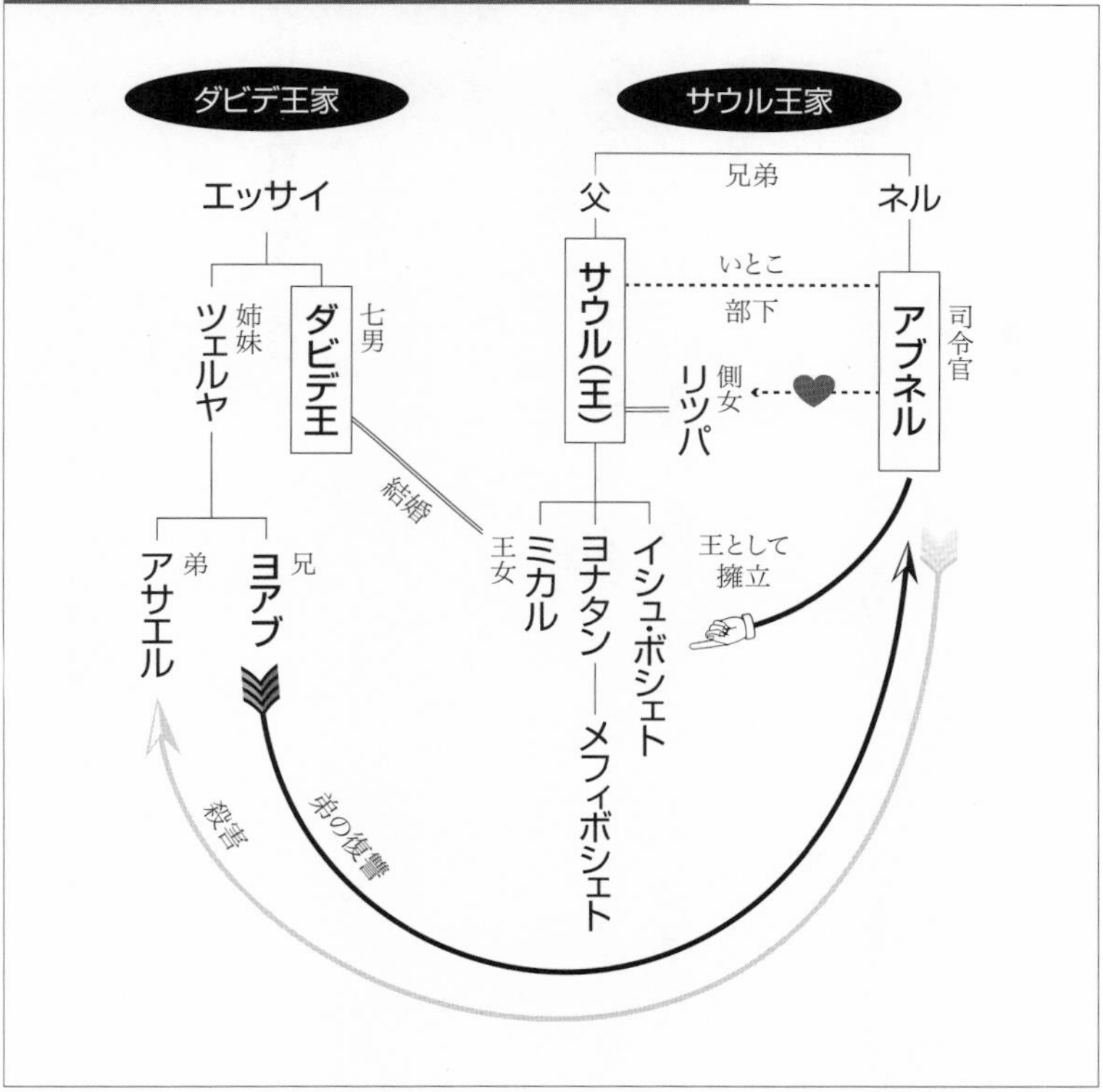

ラエルの兵士たちから反感を買い、彼らが、力のなかったイシュ・ボシェトの下に結集したら、ダビデが全イスラエルの王になることはかえって難しくなるだろうからです。だからダビデは、もし自分の力で全イスラエルの王になりたいのなら、ここで、アブネルの下にいた北イスラエルの兵士たちに反感を買わないように、ヨアブを呪い、アブネルの死を悼み、自分の力で全イスラエルの王になりたいわけではないことを示す必要があったように思われるのです。その一方でヨアブを生かしておいたのは、ダビデが自分の力で全イスラエルの王になるためには、親族であるヨアブの力が必要だったからであるように思われます（ヨアブは歴代誌上二章一六節では、ダビデの甥《おい》とされ

ています）。

ダビデは、サウルの王統を支持する（北）イスラエル人たちの反感に配慮しつつ、何とか自力で全イスラエルの王になろうとしているのかもしれません。このような態度はイスラエル人たちの伝統的な考え方に著しく反します。

ダビデの真意は？（四）

アブネルが暗殺された後、イシュ・ボシェトも彼の二人の略奪隊長に暗殺されました（昼寝しているところを刺殺）。彼らはイシュ・ボシェトの首をヘブロンのダビデに持参しました。ダビデはこの二人の殺人を非難し、彼らを従者に殺害させました。

〔二人の略奪隊長は〕ヘブロンのダビデのもとに、その首を持参した。二人は王に言った。「御覧ください。お命をねらっていた、王の敵サウルの子イシュ・ボシェトの首です。主《ヤハウェ》は、主君、王のために、サウルとその子孫に報復されました」。ダビデはベエロト人リモンの子レカブとその兄弟バアナ〔共に略奪隊長〕に答えて言った。「あらゆる苦難からわたしの命を救われた主《ヤハウェ》は生きておられる。かつてサウルの死をわたしに告げた者は、自分では良い知らせをもたらしたつもりであった。だが、わたしはその者を捕らえ、ツィクラグで処刑した。それが彼の知らせへの報いであった。まして、自分の家の寝床で休んでいた正しい人を、神に逆らう者が殺したのだ。その流血の罪をお前たちの手に問わずにいられようか。お前たちを地上から除き去らずにいられようか」

（サム下四・八－一一）

「契約の箱を迎えるダビデ王」彩色写本

この二人の略奪隊長はなぜイシュ・ボシェトの首をダビデに持参したのでしょうか。それは、寄留アマレク人と同様、全イスラエルの次期王はダビデだと彼らが考えていたからでしょう。なぜなら、ダビデとイシュ・ボシェトは内戦の停戦中で対立しており、イシュ・ボシェトがアブネルの傀儡《かいらい》政権であるということを彼らはおそらく知っており、そのアブネルが死んだからです。そしてそのダビデに、対立するイシュ・ボシェトの首を持参すれば、手柄として次期王ダビデに評価されると考えたのでしょう。

ではなぜダビデはこの二人を殺害させたのでしょうか。ダビデは、「寝床で休んでいた正しい人を殺した」点を強く非難しています。そしてそれは、瀕死《ひんし》のサウルに頼まれてとどめを刺したあの寄留アマレク人よりも悪い、単なる殺人だとダビデは判断しているようにも見えます。

しかし、内戦中の敵の大将の首を取った者を、殺人のかどで処刑するというのはおかしな話です。だったらそもそも内戦するなと言いたくなります。この場合も、あの寄留アマレク人の場合と同様、理由は単純ではないように思われます。すなわち、もしここでこの二人の略奪隊長を評価するようなことをしたら、イシュ・ボシェトに従っていた人々の反感を買い、ダビデが全イスラエルの王になることが難しくなるかもしれません。だからダビデは、自分の力で全イスラエルの王となるべく、彼らに反感を買わないように、二人の略奪隊長に対して、あえて厳しい態度を取ったと理解できるように思われます。それゆえここでもやはり、ダビデが自分の力で全イスラエルの王となろうとしていることがうかがえます。

ジェームズ・ティソ「ダビデ、聖櫃《せいひつ》の前で踊る」
ニューヨーク、ユダヤ美術館

ダビデの真意は？（五）

ダビデは、全イスラエルの新しい王として、北イスラエル地域と南ユダ地域のほぼ真ん中にあり、全イスラエルの新しい都にふさわしいエルサレムを、エブス人から新たに手に入れました（サム下五・六－一〇）。ダビデはこの異邦人の町エルサレムに、神ヤハウェの箱を運び入れる盛大なパレードを行いました。その際ダビデは神の箱の前で、裸になりながら踊りました。それを見た妻ミカルはダビデをさげすみました。それに対してダビデは、神に対して自分が卑しく低い者であることを表現した踊りの趣旨を説明しました。

王は直ちに出かけ、喜び祝って神の箱をオベド・エドムの家からダビデの町（エルサレム）に運び上げた。主《ヤハウェ》の箱を担ぐ者が六歩進んだとき、ダビデは肥えた雄牛をいけにえとして献《ささ》げた。主《ヤハウェ》の御前でダビデは力のかぎり踊った。彼は麻のエフォドを着けていた。ダビデとイスラエルの家はこぞって喜びの叫びをあげ、

角笛を吹き鳴らして、主《ヤハウェ》の箱を運び上げた。主《ヤハウェ》の箱がダビデの町に着いたとき、サウルの娘ミカルは窓からこれを見下ろしていたが、主《ヤハウェ》の御前で跳ね踊るダビデ王を見て、心の内にさげすんだ。人々が主《ヤハウェ》の箱を運び入れ、ダビデの張った天幕の中に安置すると、ダビデは主《ヤハウェ》の御前に焼き尽くす献げ物と和解の献げ物を献げた。焼き尽くす献げ物と和解の献げ物を献げ終わると、ダビデは万軍の主《ヤハウェ》の御名によって民を祝福し、兵士全員、イスラエルの群衆のすべてに、男にも女にも、輪形のパン、なつめやしの菓子、干しぶどうの菓子を一つずつ分け与えた。民は皆、自分の家に帰って行った。ダビデが家の者に祝福を与えようと戻って来ると、サウルの娘ミカルがダビデを迎えて言った。「今日のイスラエル王は御立派でした。家臣のはしためたちの前で裸になられたのですから。空っぽの男が恥ずかしげもなく裸になるように」。ダビデはミカルに言った。「そうだ。お前の父やその家のだれでもなく、このわたしを選んで、主《ヤハウェ》の民イスラエルの指導者として立ててくださった主《ヤハウェ》の御前で、そのの御前でわたしは踊ったのだ。わたしはもっと卑しめられ、自分の目にも低い者となろう。しかし、お前の言うはしためたちからは、敬われるだろう」

（サム下六・一二－二二）

なぜミカルは、王に対してはなはだ失礼だと思われるような皮肉を、ダビデに対して言ったのでしょうか。サウルが娘ミカルをダビデに与えた当初、ミカルはダビデをとても愛していたように思われます（サム上一八・二〇、二八、一九・一一－一七参照）。しかしここではもはやダビデに対するそのような愛情がミカルにあるようには思われません。なぜそのように変わってしまったのでしょうか。

ミカルはサウルの娘です。ミカルも、サウルにかかわる他の人々と同様、ダビデがサウルの後、全イスラエルの王になったことに対して不満を抱いていたからではないでしょうか。すなわち、サウルやヨナタンが死んだのは、ダビデがサウルの家臣であるにもかかわらず、ペリシテ人との戦いに参戦しなかったからであり（実際は、それどころか、ペリシテ軍側として出陣しようとまでしていたのですが）、アブネルやイシュ・ボシェトが死んだのは、ダビデがヨアブにアブネルを殺させたからだと思われていたのかもしれません。

では、なぜダビデは、このような返事をしたのでしょうか。サウルの子孫が、両足の不自由なメフィボシェト（サム下四・四）以外いない今、ダビデがサウルの娘婿であるということが、ダビデがサウルの正当な後継者であるということを外部に示しているならば、ミカルがダビデの下を離れてしまうことは、ダビデにとっては何としても避けたいことだったでしょう。だから、ミカルの反感を買わないように、自分が裸になって踊ったのは、全イスラエルの王になれてうれしくて調子に乗っているのではないということを、説明したかったのかもしれません。

確かに、前記に表れているような、自分には王になる資格がないという意識は、イスラエルに伝統的な考え方です。しかし、ダビデが本当にそう思って心からそう言っているのか、それとも、ミカルの反感を買わないようにそう言っているだけなのかは、定かではありません。実際旧約聖書において、踊りが肯定的に語られるときには、神に対する謙遜を表すものではなく、勝利を祝うものとして捉えられることが多いように思われます（出一五・二〇、士一一・三四参照）。

ここにおいても、ある一つの言動が、イスラエル人に伝統的な考え方に基づく言動であるのか、打算に基づく言動なのか分からない場合があるということが表現されていると理解することができます。

あがないの物語（九）

ダビデは、自分は高級建材のレバノン杉でできた王宮に住んでいるのに、神の箱は天幕の中にあるのを気にして、神殿を建設しようと考えました。預言者ナタンは賛成しましたが、その夜ナタンに神ヤハウェから、神殿は不要であるとのお告げがありました。

わたしの僕ダビデのもとに行って告げよ。主《ヤハウェ》はこう言われる。あなたがわたしのために住むべき家を建てようというのか。わたしはイスラエルの子らをエジプトから導き上った日から今日《こんにち》に至るまで、家に住まず、天幕、すなわち幕屋を住みかとして歩んできた。わたしはイスラエルの子らと常に共に歩んできたが、その間、わたしの民イスラエルを牧するようにと命じたイスラエルの部族の一つにでも、なぜわたしのためにレバノン杉の家を建てないのか、と言ったことがあろうか。

（サム下七・五－七）

神ヤハウェはなぜ、神殿は不要だと言ったのでしょうか。人間がどんな神殿を造ったとしても、それは被造物であり、神を納めるには不十分だからということなのでしょう。旧約聖書の他の箇所には、次のような言葉があります。

〈ソロモンの言葉〉神は果たして地上にお住まいになるでしょうか。天も、天の天もあなたをお納めすることができません。わたしが建てたこの神殿など、なおふさわしくありません。

（王上八・二七）

主《ヤハウェ》は地を覆う大空の上にある御座《みざ》に着かれる。地に住む者は虫けらに等しい。主《ヤハウェ》は天をベールのように広げ、天幕のように張り、その上に御座を置かれる。

（イザ四〇・二二）

主《ヤハウェ》はこう言われる。天はわたしの王座、地はわが足台。あなたたちはどこにわたしのために神殿を建てうるか。何がわたしの安息の場となりうるか。これらはすべて、わたしの手が造り、これらはすべて、それゆえに存在すると主《ヤハウェ》は言われる。わたしが顧みるのは苦しむ人、霊の砕かれた人、わたしの言葉におののく人。

（イザ六六・一―二）

続いて神ヤハウェは、ダビデの王統を永遠に確立すると約束します。

わたしの僕ダビデに告げよ。万軍の主《ヤハウェ》はこう言われる。わたしは牧場《まきば》の羊の群れの後ろからあなたを取って、わたしの民イスラエルの指導者にした。あなたがどこに行こうとも、わたしは共にいて、あなたの行く手から敵をことごとく断ち、地上の大いなる者に並ぶ名声を与えよう。わたしの民イスラエルには一つの所を定め、彼らをそこに植え付ける。民はそこに住み着いて、もはや、おののくことはなく、昔のように不正を行う者に圧迫されることもない。わたしの民イスラエルの上に士師を立てたころからの敵をわたしがすべて退けて、あなたに安らぎを与える。主《ヤハウェ》はあなたに告げる。主《ヤハウェ》があなたのために家を興す。あなたが生涯を終え、先祖と共に眠るとき、あなたの身から出る子孫に跡を継がせ、その王国を揺るぎないものとする。この者がわたしの名のために家を建て、わたしは彼の王国の王座をとこしえに堅く据える。わたしは彼の父となり、彼はわたしの子となる。彼が過ちを犯すときは、人間の杖《つえ》、人の子らの鞭《むち》をもって彼を懲らしめよう。わたしは慈しみを彼から取り去りはしない。あなたの前から退けたサウルから慈しみを取り去ったが、そのようなことはしない。あなたの家、あなたの王国は、あなたの行く手にとこしえに続き、あなたの王座はとこしえに堅く据えられる。

旧約聖書の他の箇所には、次のような言葉があります。

あなた〔ダビデ〕の子孫をとこしえに立て、あなたの王座を代々に備える。

（サム下七・八―一六）

彼〔ダビデ〕はわたしに呼びかけるであろう。あなたはわたしの父、わたしの神、救いの岩、と。わたしは彼を長子とし、地の諸王の中で最も高い位に就ける。とこしえの慈しみを彼に約束し、わたしの契約を彼に対して確かに守る。わたしは彼の子孫を永遠に支え、彼の王座を天の続く限り支える。

（詩八九・五）

（詩八九・二七―三〇）

なぜ神ヤハウェは、サウルからは慈しみを取り去ったが、ダビデからは取り去らないのでしょうか。わたしたちはここで、ノアの洪水の出来事を思い出します。神ヤハウェはノア一家以外の人類を洪水で滅ぼした後、ノアの子孫は滅ぼさないと約束しました。

主《ヤハウェ》は宥《なだ》めの香りをかいで、御《み》心《こころ》に言われた。「人に対して大地を呪うことは二度とすまい。人が心に思うことは、幼いときから悪いのだ。わたしは、この度したように生き物をことごとく打つことは、二度とすまい。

……」

（創八・二一）

ここでの神ヤハウェの言葉によれば、ノア家以外の洪水前の人間と、ノア家およびノアの子孫とは、悪いという点では何ら変わりがありません。両者は神ヤハウェから見れば、同様に滅ぼされるべき存在であるはずです。しかし結局前者が滅ぶことによって、人間の滅びは止みました。理由はよく分かりません。少なくとも後者から見れば、前者は後者の代わりに滅んだと理解することができ、そのことによって後者は、自分が生き残っているのは当然なことではないと理解することができます。

サウルとダビデの場合も同様であったと思われます。サウルとダビデとは、善悪という点ではさほど変わらなかったでしょう。両者は神ヤハウェから見れば、どちらも慈しみを取り去られてしかるべき存在だったように思われます。実際ダビデは、「主《ヤハウェ》なる神よ、何故わたしを、わたしの家などを、ここまでお導きくださったのですか」（サム下七・一八）と言っています。この意味でサムエル記全体を、あがないの物語として読むことができます。

レンブラント「ダビデの手紙を持つバト・シェバ」
ルーブル美術館

あがないの物語（一〇）

ダビデはイスラエルの全軍を送り出し、自身はエルサレムにとどまっていました。王宮の屋上から、大層美しい女

ダビデ王をめぐる人物相関図ー1

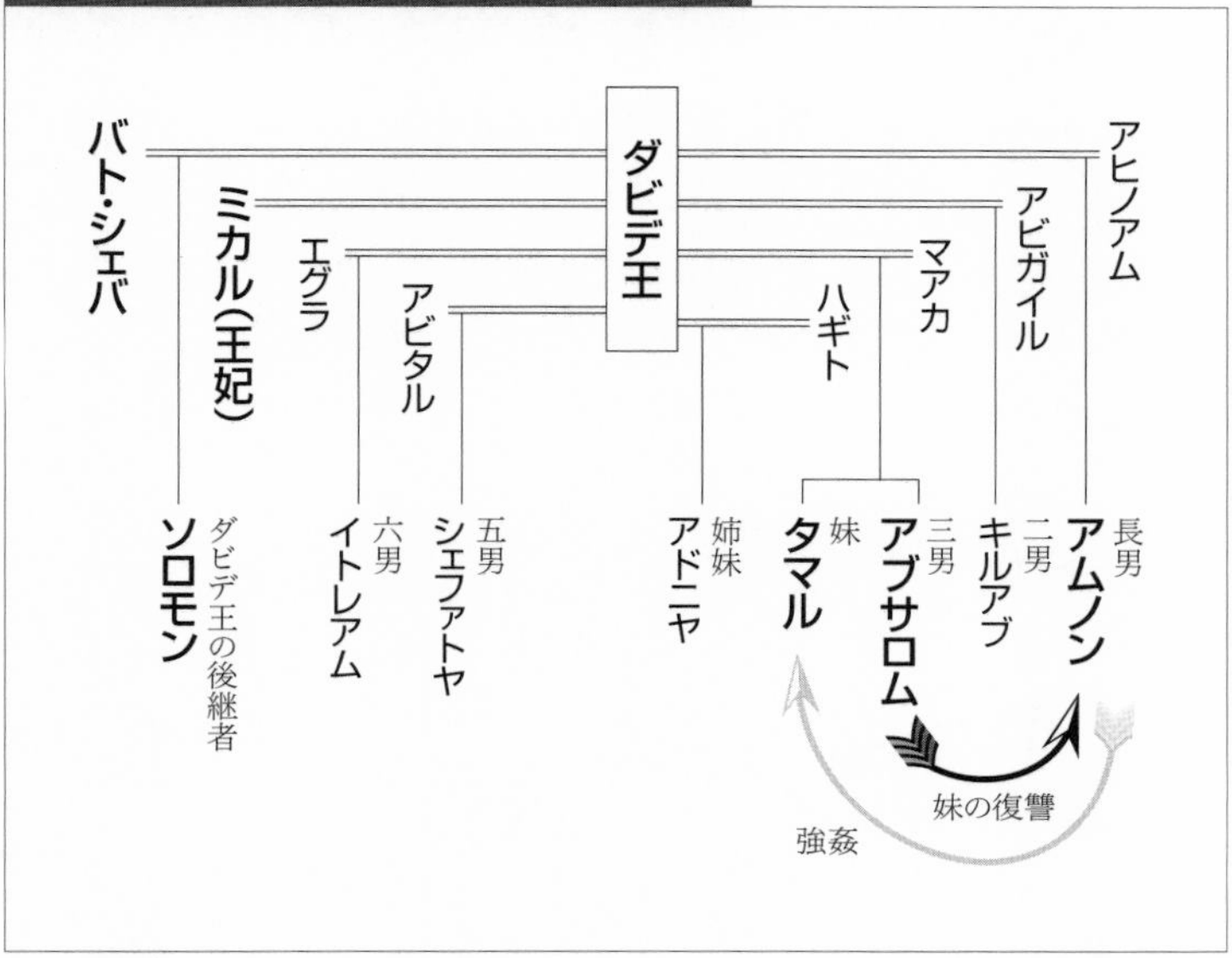

が水浴びしているのが見えました。それはヘト人ウリヤの妻バト・シェバでした。ダビデは彼女を召し入れ、床を共にしました。すると彼女はダビデの子を宿しました。

ダビデは戦線からウリヤを呼び戻し、家に帰らせようとしました。しかしウリヤは、神の箱や他の人々が野営しているのを理由に、家に帰ることを断り、王宮に泊まりました。ダビデはヨアブ宛ての書状をウリヤに託しました。そこには、ウリヤを最前線に出して戦死させよと記されていました。ウリヤが戦死すると、ダビデはバト・シェバを妻にしました。

すると預言者ナタンがやってきて、ダビデに二人の男の話をしました。一人は豊かで、非常に多くの羊や牛を持っていたが、もう一人は貧しく、一匹の雌の小羊を娘のように養っていた。豊かな男は自分の客に、貧しい男の小羊を取り上げて、客に振る舞った。ダビデは「そんなことをした男は死罪だ」と叫びましたが、それに対してナタンは、「その男はあなただ」と返しました。ダビデが「わたしは主《ヤハウェ》に罪を犯した」と懺悔《ざんげ》すると、ナタンは「その主《ヤハウェ》があなたの罪を取り除かれる。あなたは死の罰を免れる。しかし、このようなことをして主《ヤハウェ》を甚だしく軽んじたのだから、生まれてくるあなたの子は必ず死ぬ」と告げ、その通り、ダビデとバト・シェバの子は死にました（サム下一一・一―一二・二三）。

ダビデのしたことは、通常の人間の目から見ても、あまりにも罪深いものです。不倫が良くないというだけでなく、不倫を隠蔽《いんぺい》するために、不倫相手である女性の夫を殺害して、女性を自分の妻にしたからです。ダビデとバト・シェバの間に生まれた子が、ダビデが受けるはずの罰を代わりに受けたことは明らかなように思われます。その意味でこの物語は、あがないの物語として理解することができます。

ジェームズ・ティソ「アブサロム」
ニューヨーク、ユダヤ美術館

人間の王という罰（三）

ダビデの長男アムノンは、三男アブサロムの妹で異母きょうだいのタマルを愛し、彼女に暴行を働きました。しかしその後すぐに彼女に憎しみを覚え、追い出してしまいました。このことをダビデは激しく怒りましたが、特にそれ以上のことはしませんでした。

アブサロムはアムノンを憎み、羊の毛を刈る催しに王子全員を招待したとき、アムノンが酔っぱらっているところ、彼を従者たちに殺害させました。アブサロム自身は逃亡しました。

三年経ってダビデはアムノンの死をあきらめ、アブサロムを求めました。そのことを察したダビデの甥《おい》であるヨアブは、知恵のある女に、ダビデがアブサロムを連れ戻さざるを得なくなるような話をダビデにさせました。その結果ダビデは自宅謹慎を条件に、アブサロムを連れ戻すよう命じました。アブサロムは大変な美男子でした。

二年後アブサロムはヨアブを自宅に呼びましたが、ヨアブが来なかったので、部下に、ヨアブが有する大麦畑に火をつけさせました。あわててやってきたヨアブにアブサロムは、自分の不満をダビデに伝えさせました。ダビデはアブサロムを王宮に呼び、彼に口づけしました。

アブサロムは自分のために戦車、馬、護衛兵を準備し始めました。また彼は朝早く城門で、ダビデに裁定を求めに来る人々を呼び止め、「あの王の下では聞いてくれるものはいない」「わたしがこの地の裁き人であれば」などと言いふらしました。近づいて礼をする者があれば手を差し伸べて抱き、口づけしました。こうしてアブサロムはイスラエル人たちの心を「盗み取り」ました。

アブサロムは、エルサレムに帰れたら神ヤハウェに仕えるという誓願を果たすという口実でヘブロンへ行き、

そこからイスラエル全部族に密使を送り、角笛を合図に、「アブサロムがヘブロンで王となった」と言うよう命じました。事態を察知したダビデは、家臣全員と共にエルサレムを脱出しました（サム下一三・一－一五・一六）。

息子たちに対するダビデの甘さは無責任なほどです。きょうだいに婦女暴行を働いたアムノンに対して、ただ怒るだけで何もしていません。理由があるとはいえ、兄アムノンを暗殺して逃亡したアブサロムを、たった三年で許してしまっています。アブサロムは自宅謹慎の不満から、ヨアブの畑に火を付けさせましたが、あっさり自宅謹慎を解かれています。息子たちに対するこのようなダビデの甘さが、結局アブサロムの武装蜂起という形でダビデ自身の首を絞め、国家に迷惑をかけることになったと思われます。

アブサロムの武装蜂起を招来した原因は他にもあるように思われます。まず、神ヤハウェは、バト・シェバとの不倫とウリヤの殺害を非難するナタンを通して、「それゆえ、剣《つるぎ》はとこしえにあなたの家から去らないであろう。あなたがわたしを侮り、ヘト人ウリヤの妻を奪って自分の妻としたからだ」（サム下一二・一〇）と言っていました。この罰の最初の実現が、アブサロムの武装蜂起であったと思われます。

また、アブサロムがいくら美男子であっても、いくら城門で父親の悪口を言ったとしても、それだけで、イスラエル全部族がアブサロムに加担して、ダビデに反旗を翻すというのは考えにくいことです。それ以前に、ダビデ王に対するイスラエル全部族の相当の不満が、何らかの理由であったと考えなければならないでしょう。

今回は、アブサロムがユダ族の町ヘブロンで王になることに、イスラエル全部族が加担するとのことなので、このイスラエル全部族には当然ユダ族も含まれているでしょう。だから今回の反旗は、ダビデがユダ族であり、まずユダ族の王であったという全イスラエルの王としての正当性の問題とはとりあえず関係がなく、純粋に全イスラエル王としての問題が原因だったはずです。

だから、アブサロムが武装蜂起したのは、ただ単に息子たちに甘いというダビデの表面的な問題だけではなく、ダビデという人間に潜む、より根本的な問題が原因であったように思われます。不倫殺人や息子たちへの甘さなどに現れているような、傲慢に由来する権力の腐敗が根本的な問題だったと理解できるかもしれません。ただし、もしそうだとすると、代わりにアブサロムが王になっても、問題の解決にはあまりつながらないように思われます。

ダビデ王をめぐる人物相関図－2

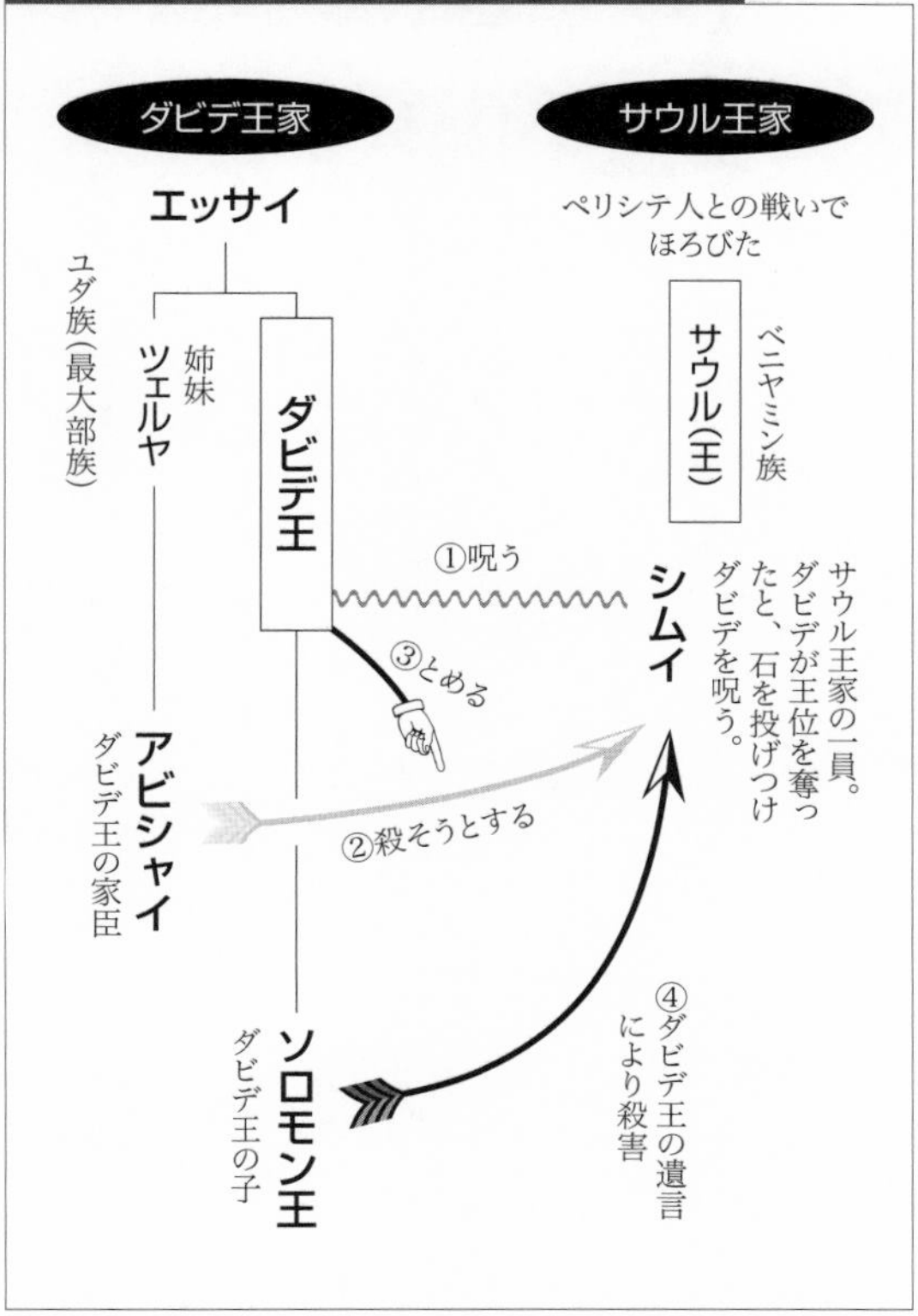

ダビデの真意は？（六）

ダビデ一行がエルサレムを脱出して逃亡している途中、サウル家の一員のシムイが、ダビデたちに石を投げつけながら、ダビデを呪いました。それは、ダビデがサウル家の人々を殺して王位を奪ったから、神ヤハウェがアブサロムを王にするのだとの内容でした。ダビデは、家臣のアビシャイがシムイの首を切り落とそうとするのを止め、神ヤハウェがシムイに自分を呪うよう命じたのだ、と言い、「主《ヤハウェ》がわたしの苦しみを御覧になり、今日の彼の呪いに代えて幸いを返してくださるかもしれない」（サム下一六・一二）と語りました。

シムイの発言は、ダビデがサウル、ヨナタン、アブネル、イシュ・ボシェトらの死に深くかかわっているのではないかという、当時の北イスラエル側の疑念を代表しているように思われます。だから、ダビデが「神ヤハウェがシムイに自分を呪うよう命じたのだ」と言ってシムイを許したのは、本心ではなく、ただ単に北イスラエルの人々を配慮してのことだったように思われます。なぜなら、シムイは、ダビデがのちにアブサロムを倒した後で、ダビデに謝罪し、ダビデもあらためてシムイを許したのですが（サム下一九・一九－二四）、それにもかかわらずダビデは息子のソロモン王に対し、自分の死後シムイを殺すよう遺言しているからです（王上二・八－九）。つまり、政権が安定したと見るや、息子にシムイを殺害させているのです。

人間の王という罰（四）

イスラエル軍はエフライムの森で、ダビデ軍に大敗北しました。「密林の餌食になった者は剣が餌食にした者よりも多かった」（サム下一八・八）とのことです。ダビデ軍には多くの外国人傭兵《ようへい》部隊が混ざっていたようです（サム下一五・一八）。彼らはおそらくダビデがガトの王アキシュの下にいたときの関係者でしょう。密林という特殊な場所では、いくら人数的に優《まさ》っていても、素人集団であるイスラエル軍は、少数精鋭の傭兵部隊にはかなわなかったようです。

アブサロムは、「らばが樫《かし》の大木のからまりあった枝の下を通ったので、頭がその木にひっかかり、彼は天と地の間に宙づりになった。乗っていたらばはそのまま走り過ぎてしま」（サム下一八・九）いました。ダビデは指揮官たちに、「若者アブサロムを手荒には扱わないでくれ」（サム下一八・五）と命じていました。兵士は皆それを聞いていました。にもかかわらずヨアブは、棒を三本手に取り、アブサロムの心臓を突き刺しました（サム下一八・一四）。

ダビデはアブサロムの死を知ると、身を震わせ、「わたしの息子アブサロムよ、わたしがお前に代わって死ねばよかった」（サム下一九・一）と言いながら、城門の上の部屋に上って泣きました。このことを兵士たちが知ると、「すべての兵士にとって、その日の勝利は喪に変わった。その日兵士たちは、戦場を脱走して来たことを恥じる兵士が忍び込むようにして、こっそりと町に入」（サム下一九・三－四）りました。

ヨアブは、ダビデの兵士たちに対する侮辱を非難しました。

ダビデ王をめぐる人物相関図－3

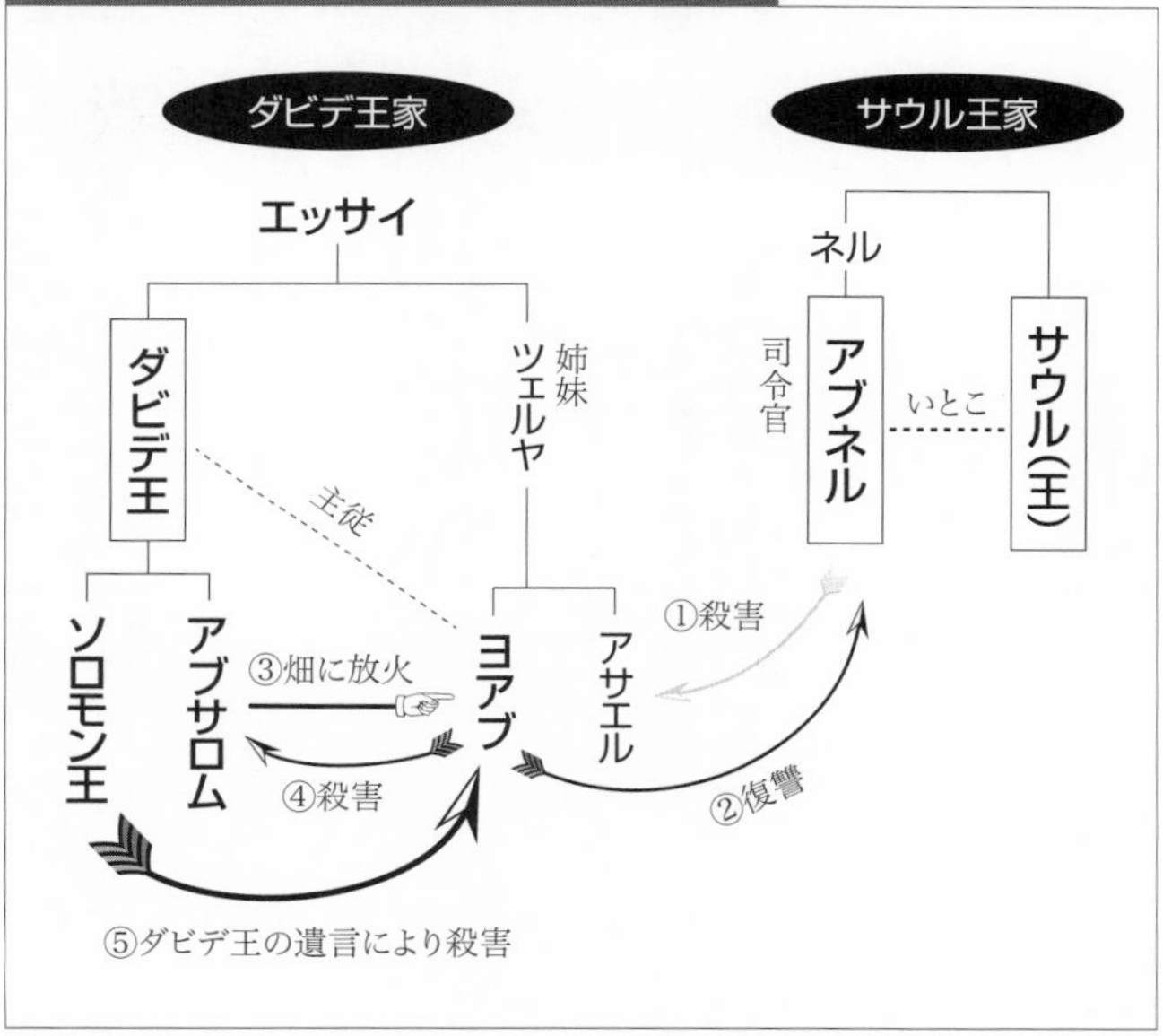

ヨアブは屋内の王のもとに行き、言った。「王は今日、王のお命、王子、王女たちの命、王妃、側女たちの命を救ったあなたの家臣全員の顔を恥にさらされました。あなたを憎む者を愛し、あなたを愛する者を憎まれるのですか。わたしは今日、将軍も兵士もあなたにとっては無に等しいと知らされました。この日、アブサロムが生きていて、

我々全員が死んでいたら、あなたの目に正しいと映ったのでしょう。とにかく立って外に出、家臣の心に語りかけてください。主《ヤハウェ》に誓って言いますが、出て来られなければ、今夜あなたと共に過ごす者は一人もいないでしょう。それはあなたにとって、若いときから今に至るまでに受けたどのような災いにもまして、大きな災いとなるでしょう」。王は立ち上がり、城門の席に着いた。兵士は皆、王が城門の席に着いたと聞いて、王の前に集まった。

（サム下一九・六－九）

ダビデの親バカぶりはあきれるほどです。

ところで、ヨアブとは一体どのような人物なのでしょうか。彼がアブネルを暗殺したのは、ヨアブの弟アサエルの復讐だったことになっていますが、前述の通りこの暗殺は、自力で全イスラエルの王になろうとしているダビデにとっては好都合な出来事でした。だから、本当はダビデがヨアブにアブネルを殺させたのではないかという疑念が生じ得るのです。

今回ヨアブがアブサロムを殺害したのも、アブサロムがヨアブの大麦畑に火を付けたことに対する恨みからという可能性もないことはないでしょうが、理由は別にあったと考える方が、妥当であるように思われます。すなわち、まず何よりも、アブサロムを生かしておくと、再び内戦が生じかねないという危惧から、ダビデのためを思ってアブサロムを殺害したように思われます。そしてもう一つは、アブサロムを生かしておくようにという命令は、ダビデの度外れた親バカによるものであって、この親バカが今回の内戦の端緒となったばかりでなく、ダビデのために命懸けで戦った兵士たちを侮辱する結果をも招いているので、このような命令に従うことは、結局ダビデのためにならないからです。

つまりヨアブは、ダビデの家臣として、ダビデ自身の意志をも越えて、全力でダビデの王座を守ろうとし、そのためには殺人も辞さない人物であると理解するのが良いように思われます。だからこそ上記のように、ダビデのためを思ってダビデを非難することも辞さないのでしょう。ここでダビデが最後ヨアブの要請に従っているのは、ダビデもヨアブの言っていることに一理あると考えてのことでしょう。

しかしダビデは結局、このようなヨアブを息子ソロモンに殺害させることになります（王上二・五－六）。ここにはダビデの、あるいはもっと広く権力争いの恐ろしさが表現されていると理解して良いように思われます。

あがないの物語（一一）

神ヤハウェはダビデに対し、全イスラエルの人口調査をするよう促しました。ダビデがヨアブに人口調査をさせたところ、剣を取り得る戦士は、（北）イスラエルに八〇万人、ユダに五〇万人いました。しかし、この調査をしたことがダビデの心の呵責《かしゃく》となり、ダビデは神ヤハウェに「わたしは重い罪を犯しました」（サム下二四・一〇）と告白しました。

このあと、神ヤハウェは、預言者ガドを通して、七年間飢饉《ききん》が襲うか、三か月敵に追われるか、三日間国に疫病が起こるか、どれかを選ぶようダビデに迫りました。ダビデが最後の選択肢を選ぶと、全イスラエルで七万人が疫病で死にました。ダビデは「罪を犯したのはわたしです。わたしが悪かったのです。この羊の群れが何をしたのでしょうか。どうか御手がわたしとわたしの父の家に下りますように」（サム下二四・一七）と神ヤハウェに願いました。神ヤハウェはガドを通してダビデに祭壇を築くよう命じ、ダビデが築くと疫病は止みました。

歴代誌上二一章一節では、ダビデに人口調査をさせたのはサタンということになっています。それに対応して同章七節で神ヤハウェは、人口調査を悪と見なしています。また、それに先立って三節では、ヨアブがダビデに対し、「どうしてイスラエルを罪のあるものとなさるのですか」と語っています。このように、人口調査をすることは悪であるということが当然と見なされています。なぜ人口調査することは悪なのでしょうか。

イスラエルには伝統的に、戦うのは神ヤハウェであるから、兵の数の多少は問題ではないという考えがあります。かつてヨナタンは次のように語っていました。

主《ヤハウェ》が勝利を得られるために、兵の数の多少は問題ではない。

（サム上一四・六）

また詩編でも次のように語られています。

王の勝利は兵の数によらず、勇士を救うのも力の強さではない。馬は勝利をもたらすものとはならず、兵の数によって救われるのでもない。見よ、主《ヤハウェ》は御目《おんめ》を注がれる。主《ヤハウェ》を畏れる人、主《ヤハウェ》の慈しみを待ち望む人に。彼らの魂を死から救い、飢えから救い、命を得させてくださる。我らの魂は主《ヤハウェ》を待つ。主《ヤハウェ》は我らの助け、我らの盾。

（詩三三・一六－二〇）

だから、人口調査をするということは、神ヤハウェが戦うというイスラエルに伝統的な考えを否定し、自分たちの力で戦おうとすることだと理解されているように思われます。それゆえ人口調査は悪と見なされているのでしょう。

以上のように神ヤハウェは、ダビデに罪を犯させ、その罪をおそらくイスラエル人全体の罪と見なし、イスラエル人全体に疫病という罰を与えたが、ダビデの懇願の後、疫病は止みました。そのため、疫病で滅んだ七万人のイスラエル人たちは、同じように滅ぶべきであったダビデはじめ他のイスラエル人たちの代わりに滅んだと言うことができます。その意味でこの物語は、あがないの物語であると理解することができます。

九

列王記　上

あがないの物語（一二）

イスラエル王国南北分裂後の北イスラエル王国で、首都ベテルにいた初代王ヤロブアムのところに、南ユダから、ある「神の人」（預言者）が来て、後に南ユダの王ヨシヤがベテルの祭壇を破壊することを予告しました。その際ヤロブアムはこの「神の人」を王宮に招きましたが、この「神の人」は神ヤハウェから、パンを食べるな、水を飲むな、通った道を戻るなと戒められていることを理由に王の招きを固辞し、帰途につきました。

この「神の人」に対し、ベテルに住むある老預言者が、「その人を連れ戻し、パンを食べさせ、水を飲ませよ」と神ヤハウェからお告げを受けたと嘘をついたので、この「神の人」はこの老預言者と共に引き返し、老預言者の家でパンを食べ、水を飲みました。

するとこの老預言者に神ヤハウェから次のようなお告げがありました。

彼〔老預言者〕はユダから来た神の人に向かって大声で言った。「主《ヤハウェ》はこう言われる。『あなたは主《ヤハウェ》の命令に逆らい、あなたの神、主《ヤハウェ》が授けた戒めを守らず、引き返して来て、パンを食べるな、水を飲むなと命じられていた所でパンを食べ、水を飲んだので、あなたのなきがらは先祖の墓には入れられない』」

（王上一三・二一－二二）

南北王国の系図

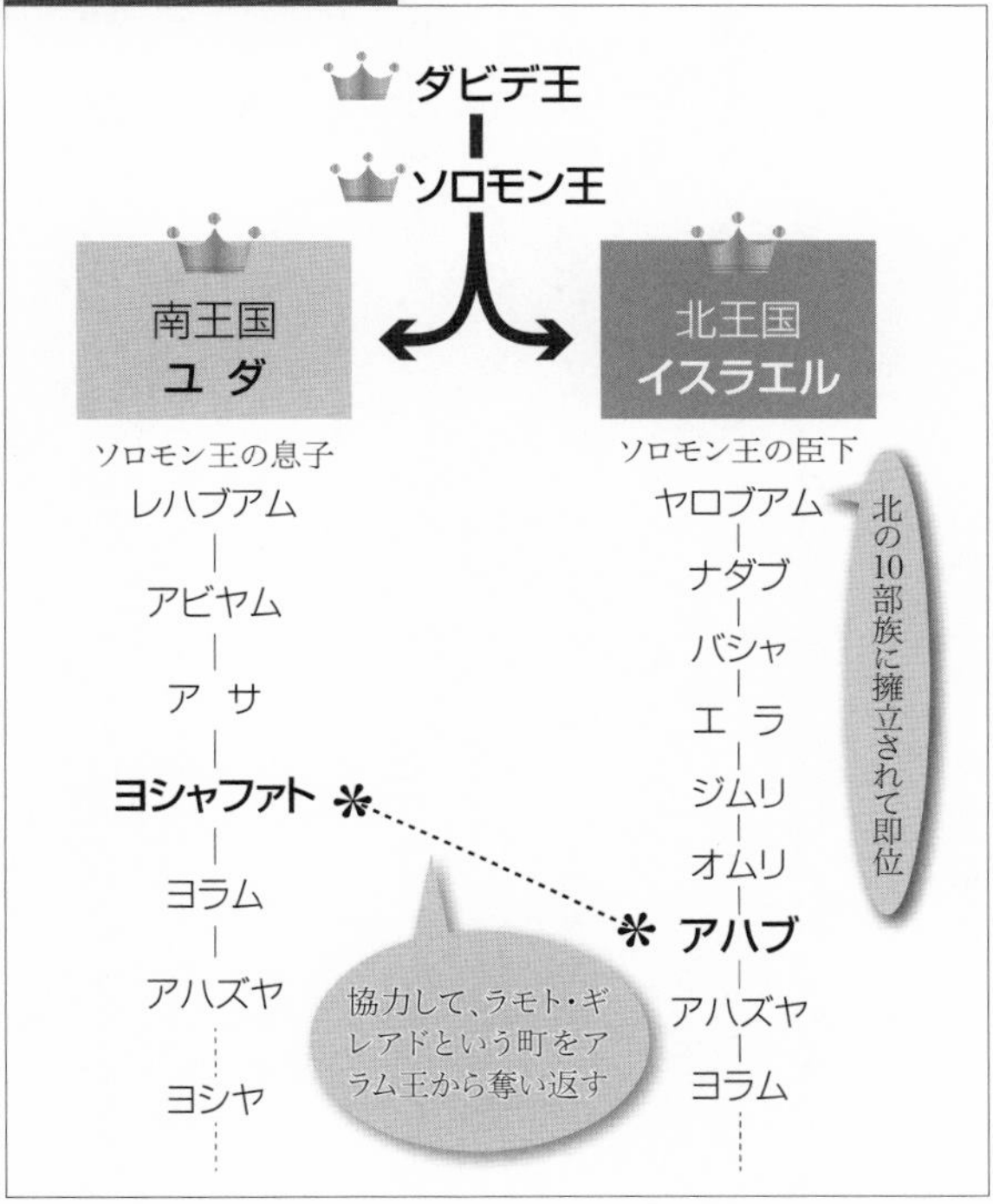

このお告げの通りこの「神の人」は、帰る途中獅子に殺されてしまいました。老預言者はこれを聞くと、出かけて行き、この「神の人」のなきがらをろばの背に乗せ、ベテルに持ち帰り、自分の墓に納め、「なんと不幸なことよ、わが兄弟」（王上一三・三〇）と言ってこの「神の人」を弔いました。そして息子たちに、自分が死んだらこの「神の人」の骨のそばに自分の骨を納めるよう頼みました。

この「神の人」が神ヤハウェの命令に逆らい、引き返してパンを食べ、水を飲んだのは、この「神の人」が悪いのではなく、嘘をついたこの老預言者が悪いので、この老預言者こそが罰を受けるべきであるように思われます。しかし実際はそうはならず、この「神の人」がこの老預言者の代わりに罰を受けています。その意味でこの物語はあがないの物語と理解することができます。この老預言者もおそらくそのことを感じていて、そのことが、この「神の人」が獅子に殺された後のこの老預言者の言動に表れているように思われます。

神ヤハウェはなぜこの老預言者を罰せず、あえてこの「神の人」を罰したのでしょうか。それは、この老預言者を直接罰するよりも、この「神の人」を罰する方が、この老預言者が、自分がしたことの罪の重さをより強く理解することができるからかもしれません。その意味でこの物語は、罰の、特に誰かのあがないとなっているような罰が有する教育的意味が表現されていると理解することができます。

生きている神

預言者エリヤは、北イスラエルの王アハブに追われていましたが、三年ぶりにアハブの前に姿を現しました。当時の北イスラエルの首都サマリアは、エリヤの預言通り（王上一七・一）、ひどい干ばつによる飢饉《ききん》に襲われていました。エリヤはアハブに対し、バアル神とアシェラ神の預言者たちをカルメル山に集めるよう要求しました。エリヤは、アハブがシドン人の妻イゼベルを通して北イスラエルにバアル神信仰を導入した際（王上一六・三一―三二）、イゼベルが神ヤハウェの預言者たちを皆殺しにした中、たった一人生き残ったのでした（王上一八・四、一三）。

エリヤはカルメル山でイスラエル人たちに対し、神ヤハウェとバアル神のどちらが本当の神であるのか問いました。

エリヤはすべての民に近づいて言った。「あなたたちは、いつまでどっちつかずに迷っているのか。もし主《ヤハウェ》が

神であるなら、主《ヤハウェ》に従え。もしバアルが神であるなら、バアルに従え」。民はひと言も答えなかった。

（王上一八・二一）

ここでは、ただ単に、どちらの神に従うかが問われているのではなく、エリヤは、本当の神に従うことを要求し、その上で、ヤハウェとバアルのどちらが本当の神か問うているように思われます。実際、列王記上一八章二一節の「神」の原語エローヒームには、定冠詞が付いています。

そしてエリヤは次のような提案をしました。すなわち、エリヤとバアルの預言者たちそれぞれが、「雄牛を……裂いて薪の上に載せ」、火をつけずにそれぞれの神の名を呼び、火をつけた方の神を本当の神とすると。ここには、本当の神は生きている神であり、木や石のように何もできないものではないという、イスラエルに伝統的な考え方が表れているように思われます。

結局ヤハウェの火が降《くだ》ったので、エリヤはイスラエル人たちにバアルの預言者たちを皆殺しにさせました。すると激しい雨が降り、飢饉は収まりました。

神ヤハウェが戦う（四）

アラムの王ベン・ハダドは、三二人の王侯たちとともにサマリアを包囲し、アハブに対し金銀と妻子たちを要求しました。ところが一人の預言者がアハブに、「わたしは今日これ〔アラム軍〕をあなた〔アハブ〕の手に渡す。こうしてあなたは、わたしこそ主《ヤハウェ》であることを知る」（王上二〇・一三）という神ヤハウェの言葉を伝えたので、アハブはお告げに従い、まず諸州の知事の若者たち（精鋭部隊？）二三二人、次いで（北）イスラエル人たち七〇〇〇人でアラム軍を攻撃しました。仮小屋で酒を飲んでいたベン・ハダドと三二人の王侯たちのアラム軍は敗走しました。

ベン・ハダドの家臣たちは、「彼らの神〔ヤハウェ〕は山の神だから、彼らは我々に対して優勢だったのです。もし平地で戦えば、我々の方が優勢になるはずです」（王上二〇・二三）と考え、アラム軍は再び攻め上ってきました。しかし、ある「神の人」（預言者）がアハブに、「アラム人は主《ヤハウェ》が山の神であって平野の神ではないと言っているので、わたしはこの大軍をことごとくあなたの手に渡す。こうしてあなたたちは、わたしこそ主《ヤハウェ》であることを知る」（王上二〇・二八）という神ヤハウェの言葉を伝えました。結局（北）イスラエル軍はアラム軍一〇万人を打ち倒し、敗残兵二万七〇〇〇人の上に、彼らが逃げ込んだ町の城壁が崩れ落ちました。

ベン・ハダドは投降し、アハブに命乞いをしながら、

ベン・ハダドはアハブに言った。「わたしの父があなたの父から奪った町々をお返しいたします。また、わたしの父がサマリアで行ったように、あなたもダマスコで市場を開いてください」。アハブは言った。「では、協定を結んだうえで、あなたを帰国させよう」。アハブはベン・ハダドと協定を結び、彼を帰国させた。

（王上二〇・三四）

〔ある〕預言者は王〔アハブ〕に言った。「主《ヤハウェ》はこう言われる。『わたしが滅ぼし去るように定めた人物〔ベン・ハダド〕をあなた〔アハブ〕は手もとから逃がしたのだから、あなたの命が彼の命に代わり、あなたの民が彼の民に代わる』」

（王上二〇・四二）

結局アハブはこのお告げ通り、この後悲惨な死を遂げました（王上二二・三四－三五）。アハブは何を断罪されたのでしょうか。前記によれば、（北）イスラエル軍が勝利したのは、神ヤハウェがアラム軍を（北）イスラエル人たちに渡したからでした。それなのにアハブは、敵の大将であるベン・ハダドと政治経済的協定を結び、利益を得て、ベン・ハダドを帰国させてしまったのです。つまりアハブは今回の勝利を、自身の勝利と理解しているように思われるのです。戦うのは神ヤハウェであるというのが、イスラエル人の伝統的な考えです。アハブの考えはこれに反するので、彼は断罪されたと理解すべきであるように思われます。

南北王国時代

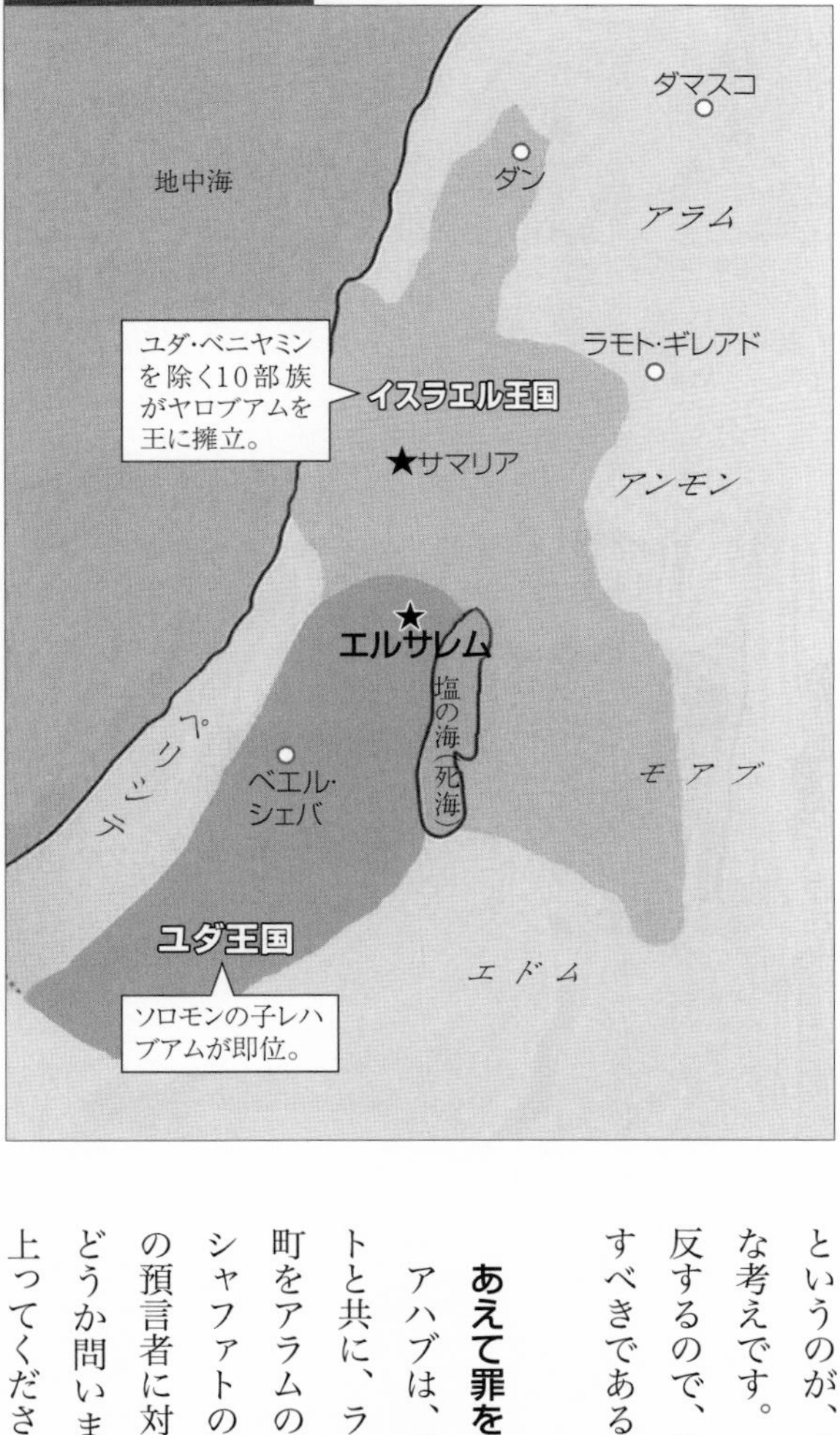

あえて罪を犯させる（二）

アハブは、南ユダの王ヨシャファトと共に、ラモト・ギレアドという町をアラムの王から奪い返す際、ヨシャファトの要請に従い、四〇〇人の預言者に対し、戦いを挑むべきかどうか問いました。彼らは、「攻め上ってください。主《ヤハウェ》は、王の手にこれをお渡しになります」(王上二二・六)と答えました。

アハブはまたヨシャファトの要請に従い、預言者ミカヤにも同じことを問いました。彼もまた同様の答えをしました。しかし、その理由は異なっていました。ミカヤによれば神ヤハウェは、アハブを倒すために、すべての預言者に偽りを言う霊を置いたのです。

だが、ミカヤは続けた。「主《ヤハウェ》の言葉をよく聞きなさい。わたしは主《ヤハウェ》が御座《みざ》に座し、天の万軍がその左右に立っているのを見ました。主《ヤハウェ》が、『アハブを唆《そそのか》し、ラモト・ギレアドに攻め上らせて倒れさせるのは誰か』と言われると、あれこれと答える者がいましたが、ある霊が進み出て主《ヤハウェ》の御前に立ち、『わたしが彼を唆します』と申し出ました。主《ヤハウェ》が、『どのようにそうするのか』とただされると、その霊は、『わたしは行って、彼のすべての預言者たちの口を通して偽りを言う霊となります』と答えました。主《ヤハウェ》は、『あなたは彼を唆して、必ず目的を達することができるにちがいない。行って、そのとおりにせよ』と言われました。今御覧のとおり、主《ヤハウェ》がこのあなたのすべての預言者の口に偽りを言う霊を置かれました。主《ヤハウェ》はあなたに災いを告げておられるのです」

(王上二二・一九―二三)

そしてミカヤの預言通り、アハブは変装して戦いに行きましたが、一人の兵が何気なく引いた弓矢に射貫かれて死にました。このように神ヤハウェは、人間に悪を行わせる(この場合は偽りを語らせる)ことによって罰を与える場合もあると、聖書では考えられているように思われます。

十

列王記　下

誰でも救われる

アラムの軍司令官ナアマンは、勇者でしたが、重い皮膚病を患っていました。彼は妻の召し使いをしていたイスラエル人の捕虜の少女から、サマリアの預言者エリシャなら、その重い皮膚病をいやしてもらえると聞き、戦車に乗ってエリシャの家の入り口に立ちました。しかしエリシャはそこに使いの者をやり、「ヨルダン川に行って七度身を洗いなさい。そうすれば、あなたの体は元に戻り、清くなります」（王下五・一〇）と言わせました。ナアマンは憤慨しました。

ナアマンは怒ってそこを去り、こう言った。「彼〔エリシャ〕が自ら出て来て、わたしの前に立ち、彼の神、主《ヤハウェ》の名を呼び、患部の上で手を動かし、皮膚病をいやしてくれるものと思っていた。イスラエルのどの流れの水よりもダマスコの川アバナやパルパルの方が良いではないか。これらの川で洗って清くなれないというのか」。

彼は身を翻して、憤慨しながら去って行った。

（王下五・一一－一二）

しかしナアマンは家来たちにいさめられ、エリシャの言う通りにすると、彼の身体は清くなりました。ナアマンはエリシャのところに引き返し、「イスラエルのほか、この世界のどこにも神はおられないことが分かりました。今この僕《しもべ》からの贈り物をお受け取りください」（王下五・一五）と言いました。しかしエリシャは受け取りを辞退しました。そこでナアマンは、「僕は今後、主《ヤハウェ》以外の他の神々に焼き尽くす献《ささ》げ物やその他のいけにえを献げることはしません」（王下五・一七）と言いました。ただしアラム王と共にリモン神殿でひれ伏すことは赦《ゆる》してくれるよう願い、エリシャは「安心して行きなさい」（王下五・一九）と言いました。

エリシャの従者ゲハジはナアマンを追いかけ、嘘をついてナアマンから銀と服をせしめ、家にしまい込みました。エリシャはゲハジに、ナアマンの重い皮膚病がゲハジとその子孫とにいつまでもまといつくことを宣告し、ゲハジはその通りになり、エリシャの前から立ち去りました。

ナアマンは、極めて普通の人間として描かれているように思われます。すなわち、自身の重い皮膚病が治ると聞いて、危険を冒して敵国の首都サマリアへと乗り込んだのに、先方は出て来て治療してはくれず、川で身体を洗って来いとだけ言われたことに憤慨しています。もっともな話です。しかし、重い皮膚病が治ると態度を翻し、神ヤハウェを賛美し、感謝の贈り物をしようとし、神ヤハウェに忠実を尽くそうとします。ただし、職業上どうしても、他の神を礼拝しなければならないので、それは赦してくれるようにと願います。現世利益を願う人間の典型的態度で、特別立派というわけではないように思われます。

それに対してゲハジはイスラエル人ですから、書かれてはいませんが、おそらく幼い時から神ヤハウェに対する信仰を学び、実践してきたことでしょう。エリシャの従者であればなおさらでしょう。しかし、その彼が嘘をついて、人から金品を巻き上げています。

つまり、たとえイスラエル人であっても、悪いことをすれば罰せられ、その一方、イスラエル人でなくても、特別立派ではない普通の人間であっても救われる場合があるということを、この物語は語っていると理解することができます。

何が善で何が悪なのか

（北）イスラエルの将軍イエフは、預言者エリシャの命によって、ラモト・ギレアドでエリシャの従者に油を注がれ、神ヤハウェによって（北）イスラエルの王とされました。イエフはアハブ家を全滅させ、アハブの妻イゼベルによって殺害されたヤハウェの預言者たちの復讐《ふくしゅう》をするよう、神ヤハウェに命じられました。

（北）イスラエルの王ヨラムは、アラムの王ハザエルとの戦いの傷をイズレエルで癒していました。そこには南ユダの王アハズヤも見舞いに来ていました。イエフの軍勢が近付いて来るのを、塔の見張りが見て、狂ったような戦車の走らせ方から、イエフだと判別しました。二人の王は、何度か騎兵にイエフを出迎えに行かせましたが、彼らが帰って来ないので、自ら戦車に乗って出迎えに出ました。そのヨラムの心臓をイエフは射貫き、アハズヤもイエフから傷を負い、逃亡の末死にました。

ヨラムはイエフを見ると、「イエフ、道中無事だったか」と尋ねたが、イエフは答えた。「あなたの母イゼベルの姦淫《かんいん》とまじないが盛んに行われているのに、何が無事か」。ヨラムは手綱を返して逃げ出し、アハズヤに、「アハズヤよ、裏切りだ」と叫んだ。イエフは手に弓を取り、ヨラムの腕と腕の間を射た。矢は心臓を射貫き、彼は戦車の中に崩れ落ちた。

(王下九・二二―二四)

イエフがイズレエルに来たとき、イゼベルはそれを聞いて、目に化粧をし、髪を結い、窓から見下ろしていた。イエフが城門を入って来ると、「主人殺しのジムリ、御無事でいらっしゃいますか」と言った。彼は窓を見上げ、「わたしの味方になる者は誰だ、誰だ」と言うと、二、三人の宦官《かんがん》が見下ろしたので、「その女を突き落とせ」と言った。彼らがイゼベルを突き落としたので、その血は壁や馬に飛び散り、馬が彼女を踏みつけた。彼は家に入って食事をしてから言った。「あの呪われた女の面倒を見てやれ。彼女も王女だったのだから、葬ってやれ」。だが、人々が葬ろうとして行くと、頭蓋骨と両足、両手首しかなかった。彼らが帰って、そのことを知らせると、イエフは言った。「これは主《ヤハウェ》の言葉のとおりだ。主《ヤハウェ》はその僕ティシュベ人エリヤによってこう言われた。『イゼベルの肉は、イズレエルの所有地で犬に食われ、イゼベルの遺体はイズレエルの所有地で畑の面にまかれた肥やしのようになり、これがイゼベルだとはだれも言えなくなる』」

(王下九・三〇―三七)

さらにイエフは、北イスラエルの首都サマリアにいたイズレエルの指導者、長老たちに手紙を書き、アハブの子七〇人の首をイズレエルに送らせました。イズレエルに残っていたアハブ関係者も皆殺しにしました。サマリアへの移動途中には、アハズヤの親族四二人を殺しました。サマリアでもアハブの親族を皆殺しにし、さらに、バアル神の預言者、祭司たちも、バアル神に献げ物をすると嘘を言ってバアル神殿に一人残らず集めて皆殺しにし、バアル神殿を破壊して便所(汚物溜め)にしました。

しかしイエフは、ベテルとダンにある金の子牛を撤去しなかったので、北イスラエルの初代王で、これらの子牛を造ったヤロブアムの罪を免れず、イエフ王朝は四代続いて終わりました。

イエフを（北）イスラエルの王とし、アハブ家を全滅させたのは確かに神ヤハウェです。実際イエフが（北）イスラエルの王になったのは、エリヤに対する神ヤハウェによるお告げの実現でした（王上一九・一六）。しかしそれにしてもイエフは恐ろしく残忍な人間です。

北イスラエル王国の系図

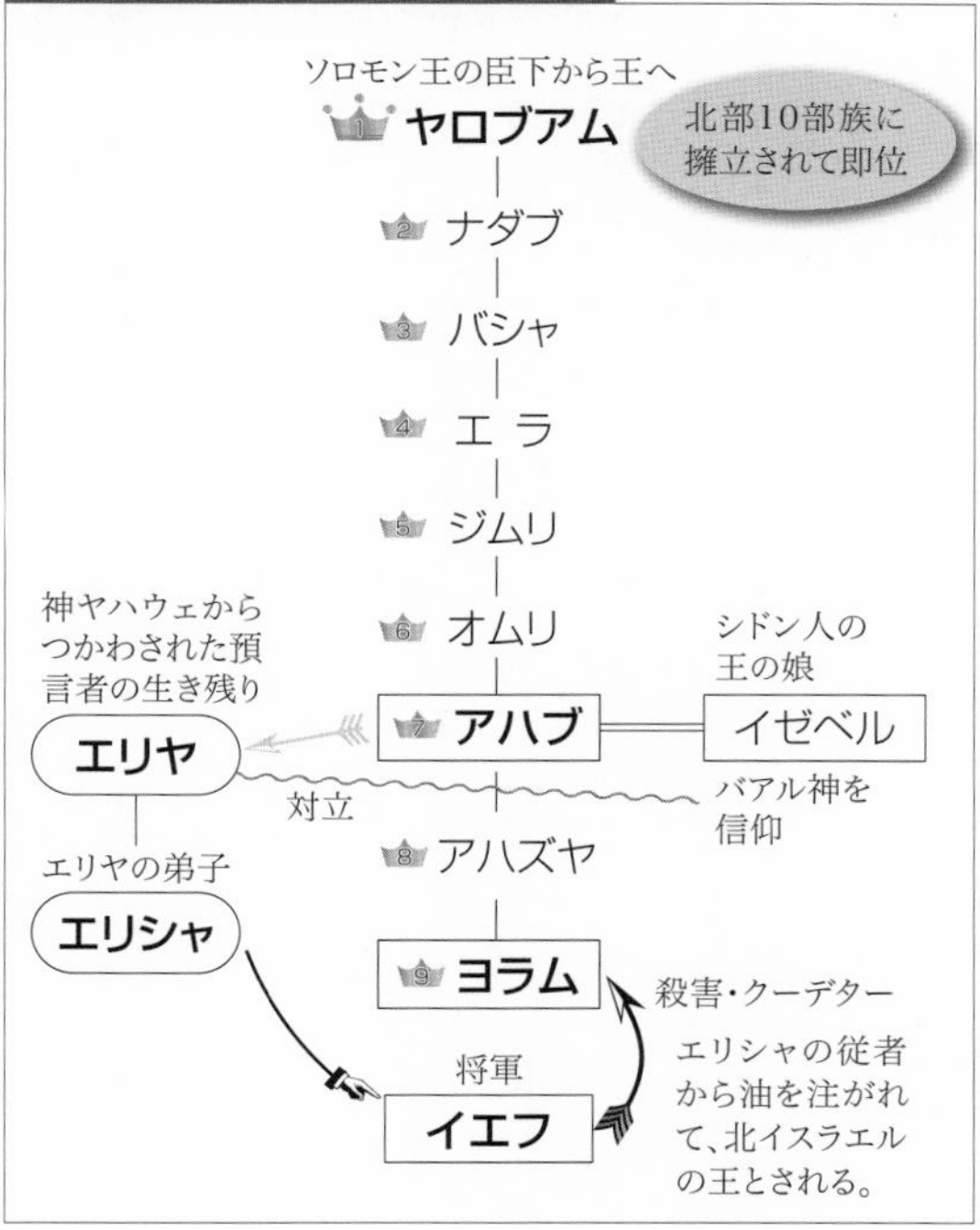

狂ったような戦車の走らせ方がすでにそれを暗示していたように思われます。

イゼベルを突き落とさせた直後、彼女の血が飛び散る中建物に入り、彼女が食べるはずだったかもしれない食事を取るというのは、普通の人間の神経では考えられません。

食事の後、頭蓋骨と両手、両手首しかない彼女を見て平然と、「主《ヤハウェ》の言葉のとおりだ」（ああやっぱり）と言う感覚も、尋常ではありません。

イゼベルを突き落とさせた宦官たちは、恐怖心からそのような行動に出たのでしょうが、彼女の身の周りの世話をしていた彼らが、彼女に対して親愛の情を抱いていたとすれば、その苦しさはいかばかりだったでしょうか。彼らが、彼女が幼いころから彼女の世話をし、フェニキアから共に来たのだとすればなおさらです。もしそうであれば、そのようなことをさせるイエフはやはりかなり残酷です。その他の人々も徹底的に皆殺しにするところにも、彼の残酷さが表れています。

それに比べてイゼベルは、確かに聖書の中では、イスラエルにおいてヤハウェ信仰を排除してバアル信仰を導入し、エリヤ以外のヤハウェの預言者たちを皆殺しにしたというかなりの悪役です。しかしこのシーンでの彼女は、とても高貴な印象を与えます。彼女は、イエフがイズレエルに来たという知らせを聞いて、彼の謀反を理解したにもかかわらず、逃げ隠れするのに時間を使わず、身なりを整え、窓から謀反者を見下ろし、彼に皮肉を浴びせ、最後まで王妃としての矜持《きょうじ》を保っています。

どうして聖書はここまで、ヒーローであるはずのイエフを残忍に描き、ヒール（悪役）のイゼベルを高貴に描くのでしょうか。それは、人間にとってのヒーロー／ヒール、およびその姿と、神にとってのヒーロー／ヒール、およびその姿とは、必ずしも同じではないということを強調したかったからなのかもしれません。この物語には、人間が考える善悪と、神が考える善悪とを、単純に同一視することへの批判が込められていると理解することができます。

実際ホセア書では、イエフ朝が絶えたのは、イエフの殺害行為が原因だとされています。

主《ヤハウェ》は彼〔ホセア〕に言われた。「その子〔ホセアの子〕をイズレエルと名付けよ。間もなく、わたしはイエフの王家に、イズレエルにおける流血の罰を下し、イスラエルの家におけるその支配を絶つ。……」（ホセ一・四）

唯一の創造者（二）

南北王国時代の世界

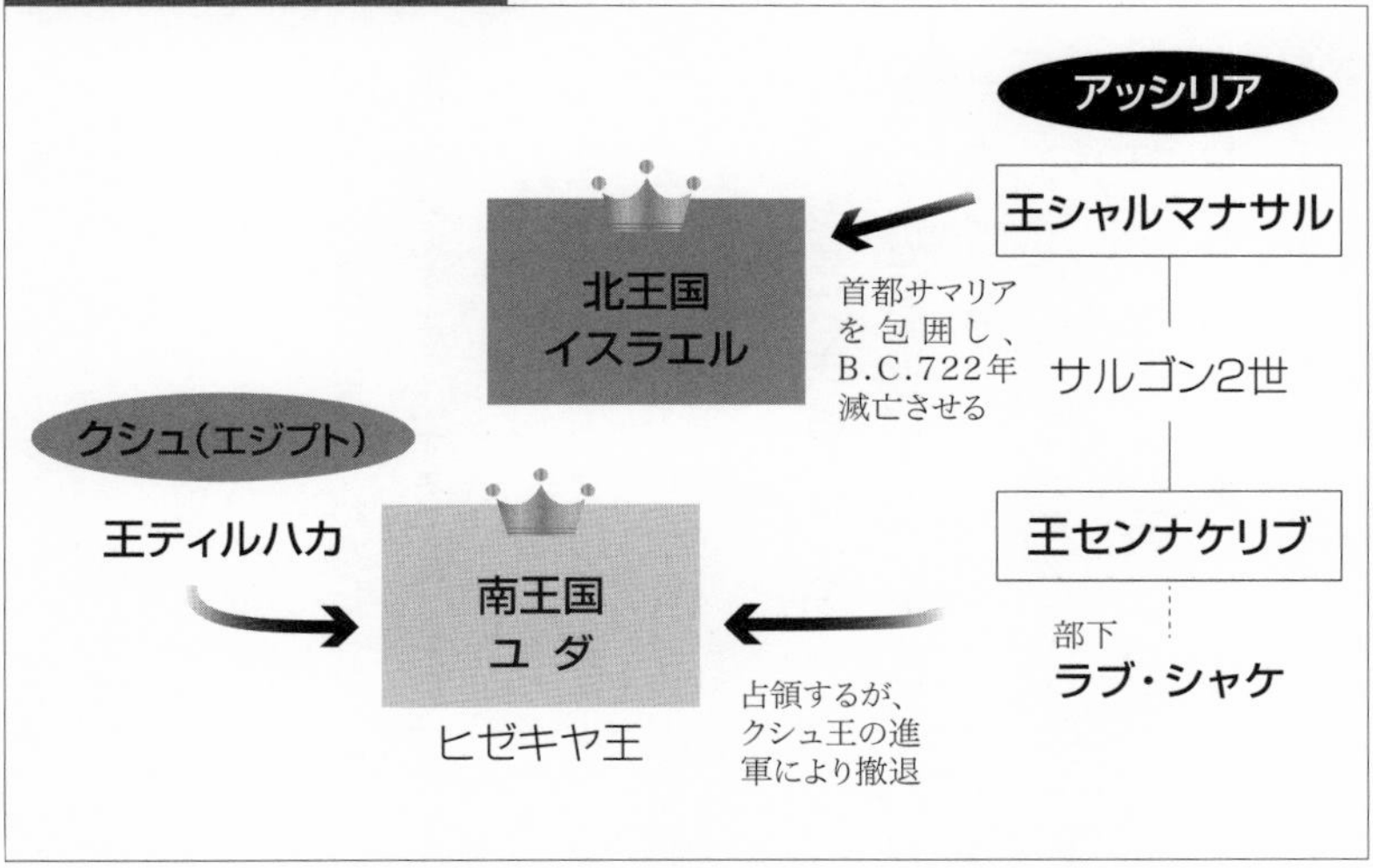

アッシリア王シャルマナサルはサマリアを包囲し、三年後占領し、イスラエル人たちをアッシリアに連行して、（北）イスラエル王国は滅亡しました。

その後、アッシリア王センナケリブはユダの砦《とりで》の町をことごとく占領し、ユダに金銀を要求しました。ユダ王ヒゼキヤは、神殿と宝物庫のすべての銀を贈り、神殿の扉と柱を切り取って金を贈りました。

それでもセンナケリブは部下のラブ・シャケを、大軍と共にエルサレムに送り、ラブ・シャケはイスラエルの人々に降伏を迫りました。理由は、どの国の神もアッシリアの王に勝てなかったので、ヤハウェも勝てないから、ということでした。

「……諸国の神々は、それぞれ自分の地をアッシリア王の手から救い出すことができたであろうか。ハマトやアルパドの神々はどこに行ったのか。セファルワイムやヘナやイワの神々はどこに行ったのか。サマリアをわたしの手から救い出した神があっただろうか。国々のすべての神々のうち、どの神が自分の国をわたしの手から救い出したか。それでも主《ヤハウェ》はエルサレムをわたしの手から救い出すと言うのか」

（王下一八・三三－三五）

しかし預言者イザヤは、神ヤハウェがセンナケリブを撤退させ、殺すと予言しました。

〈イザヤの言葉〉見よ、わたし〈ヤハウエ〉は彼〈センナケリブ〉の中に霊を送り、彼がうわさを聞いて自分の地に引き返すようにする。彼はその地で剣《つるぎ》にかけられて倒される。

（王下一九・七）

その通り、クシュ（エジプト）王ティルハカの進軍に伴い、ラブ・シャケは撤退しました。ヒゼキヤは、神ヤハウエがすべての王国の神であり、天地万物を創造した唯一の神であると認めました。

〈ヒゼキヤは〉主《ヤハウェ》の前で祈った。「ケルビムの上に座しておられるイスラエルの神、主《ヤハウェ》よ。あなただけが地上のすべての王国の神であり、あなたこそ天と地をお造りになった方です。主《ヤハウェ》よ、耳を傾けて聞いてください。主《ヤハウェ》よ、目を開いて御覧ください。生ける神をののしるために人を遣わしてきたセンナケリブの言葉を聞いてください。主《ヤハウェ》よ、確かにアッシリアの王たちは諸国とその国土を荒らし、その神々を火に投げ込みましたが、それらは神ではなく、木や石であって、人間が手で造ったものにすぎません。彼らはこれを滅ぼしてしまいました。わたしたちの神、主《ヤハウェ》よ、どうか今わたしたちを彼の手から救い、地上のすべての王国が、あなただけが主《ヤハウェ》なる神であることを知るに至らせてください」

（王下一九・一五－一九）

天使がアッシリア陣営一八万五〇〇〇人を一夜にして打ち倒しました。センナケリブはアッシリアの首都ニネベに帰り、彼の神ニスロクの神殿で礼拝中暗殺されました（王下一九・三五－三七）。

驚いたことに、イスラエル人たちの敵ラブ・シャケでさえ、自分たちを動かしているのは神ヤハウェであることを認めています。

わたしは今、主《ヤハウェ》とかかわりなくこの所を滅ぼしに来たのだろうか。主《ヤハウェ》がわたしに、「この地に向かって攻め上り、これを滅ぼせ」とお命じになったのだ。（王下一八・二五）

なぜ神ヤハウェはアッシリアを撤退させることができたのでしょうか。ヒゼキヤの理解によればそれは、神ヤハウェがすべての王国の神だからということになりましょう。では、なぜ神ヤハウェはそのように、すべての王国の神であり得るのでしょうか。それはおそらく、神ヤハウェが天地万物の創造者だからであると理解されているでしょう。では、アッシリアが倒した諸国の神々とは何だったのでしょうか。それらはすべて神ではなく、木や石に過ぎない偶像だったと理解されているのでしょう。

しかし、この論理には、やや飛躍があるようにも見えます。なぜなら、もし神ヤハウェがセンナケリブに霊を送って彼を撤退させたというだけなら、神ヤハウェは他の神々より強い神であると言うだけで十分であるように思われるからです。神ヤハウェは、天地万物を創造した唯一の神であるがゆえに、アッシリアの神（アッシリアの王をアッシリアの王たらしめる神）でもあると言うのは、言い過ぎであるようにも思われるのです。

出エジプト記では、エジプトに罰を与えるために天変地異を起こしたとされる神ヤハウェは、天地万物を創造した唯一の神と考えられていました。それとまったく同じように、北イスラエル王国を滅ぼしたアッシリアや、この後ユダ王国を滅ぼすことになるバビロニアなどの大国を動かすとされる神ヤハウェもまた、天地万物を創造した唯一の神と考えられなければならなかったのでしょう。

文献紹介

ここでは、旧約聖書に興味関心を持たれ、本書を読んで、さらにもう少し読書を進めようとされる方に、参考になると思われる日本語文献を、いくつかご紹介します。

一．日本語訳聖書

『聖書　新共同訳』日本聖書協会
『聖書　原文校訂による口語訳』サンパウロ
『聖書　新改訳』いのちのことば社
『聖書　聖書協会共同訳』日本聖書協会

二．注解書

石川康輔他編『新共同訳　旧約聖書注解』（１－３）日本基督教団出版局、一九九三－九六年
鈴木佳秀『ＶＴＪ旧約聖書注解』日本キリスト教団出版局、二〇一七－二〇年

三．入門書

加藤隆『旧約聖書の誕生』筑摩書房、二〇一一年
並木浩一他『旧約聖書を学ぶ人のために』世界思想社、二〇一二年　※巻末に文献紹介あり

四．歴史

S・ヘルマン他、樋口進訳『よくわかるイスラエル史　アブラハムからバル・コクバまで』教文館、二〇〇三年
山我哲雄『聖書時代史　旧約篇』岩波現代文庫、二〇〇三年

五．聖書考古学

月本昭男『目で見る聖書の時代』日本キリスト教団出版局、一九九四年
杉本智俊『図説聖書考古学　旧約篇』河出書房新社、二〇〇八年

六．風土

左近義慈他『聖書時代の生活』（1・2）創元社、一九八〇 - 八二年
池田裕『旧約聖書の世界』岩波現代文庫、二〇〇一年

七．研究書

H・W・ロビンソン、船水衛司訳『旧約聖書における集団と個』教文館、一九七二年
B・ラング他、新井章三訳『唯一なる神　聖書における唯一神教の誕生』新教出版社、一九九四年
P・C・クレイギ、村田充八訳『聖書と戦争―旧約聖書における戦争の問題』すぐ書房、二〇〇一年
関根正雄『古代イスラエルの思想　旧約の預言者たち』講談社学術文庫、二〇〇四年
B・ラング、加藤久美子訳『ヘブライの神　旧約聖書における一神格の肖像』教文館、二〇〇九年

あとがき

大学研究者としてのわたしの専門分野は中世哲学です。博士論文のテーマはトマス・アクィナスでした。しかしわたしは、首都圏のさまざまな大学で、非常勤講師として、哲学関係の講義とともに、キリスト教関係の講義も担当しています。わたしにキリスト教関係の講義を担当するよう依頼された方は、中世哲学やトマス・アクィナスが専門なら、キリスト教を教えることもできるだろうとお考えになったのだろうと思います。わたし自身もそう思っていました。哲学科出身ではありますが、専門が専門なので、キリスト教についてはそれなりに知っているつもりでいました。

しかし実際にキリスト教を教えてみて分かったことは、自分がいかにキリスト教を知らないかということでした。わたしは、基本書と思われるものを教科書に、もう一度キリスト教を勉強し直しました。それは、教会の教えに始まり、教義・教理史、神学史から、現代の神学にまで及びました。時代も、古代の初代教会の時代から、中世、宗教改革時代、それ以降の近代・現代へと至りました。また、ヘブライ語を一から学び、聖書学の基礎知識を学びました。そうして自分なりに気が付いたことは、キリスト教は聖書を読まなければ分からないということでした。こんな単純な考えは、ある人たちにとっては、初めからあたりまえのことだったかもしれません。しかしわたしの場合は、このような考えに至るために、長い年月と努力を要しました。

それ以降、わたしが担当するキリスト教関係の講義は、聖書を、注解書を参考にしながら、直接読み進めることを中心とするスタイルに変わっていきました。このように、多くの大学で、学生のみなさんにお話しすることを通して、自分が学んだことを整理し、反省し、検討しました。その意味でわたしは、学生のみなさんに何かを教えたというよりも、むしろ聴いてもらうことによって教えられたのだと思います。また、「はじめに」でもお話しした通り、ただ単に講義を聴いてもらうだけでなく、学生のみなさんと、非常に深いレベルでディスカッションする機会にも恵まれました。これらのような機会がなければ、本書は誕生しなかっただろうと思います。

そしてまた、わたしは自宅で、聖書を学ぶ会を主宰しています。参加されているのは近所のみなさんですが、そこには、長い人生経験の中で、聖書やキリスト教に関心を持ったり、深くかかわったりして生きて来られた方々がいます。わたしがお話ししたことに対するその方々の返答には、その方々の人生の歴史が深く反映されています。この会での経験も、本書を支えている不可欠な部分となっています。本書の成立を支えてくださったこれらのみなさんに、心から感謝申し上げたいと思います。

本書を書き終えて、改めて感じることは、聖書は、殊に旧約聖書は、天地万物の唯一の創造者である神への信仰を語っているということです。その意味では、聖書は冒頭の、六日間の創造の話に極まるという言い方もできるかもしれません。しかし同時に、「はじめに」でもお話しした通り、そのような信仰がなぜ成立したのかということに目を向けることが、非常に重要だと痛感しています。唯一神信仰というものを、ただ表面的な内容だけ取り出して、その妥当性を抽象的に検討するだけでは（哲学は長い歴史の中でそれをやってきたし、それは決して無意味ではありませんでしたが）、極めて不十分であると言わざるを得ないように思います。

なぜこのような信仰が生まれたのか。どういう人々にとって、このような信仰は必要だったのか。それを探る必要をわたしは強く感じています。そこでわたしは今、預言書の研究に取り組んでいます。聖書学の知見から学び、聖書の中にその成立の歴史を探りながら、そこで語られている信仰がどういう経緯で登場したのか。

それを知るために、イザヤ書から始めて預言書を研究し、それを学生のみなさんや、わたしが自宅で主宰する聖書を学ぶ会に参加されているみなさんに聴いていただいています。それもまた本書と同じように書籍という形で、みなさんにお届けできればと思っています。

預言書を学び始めて予感していることは、唯一神信仰をぜひとも必要としていた人たちは、「はじめに」でもお話しした通り、社会で搾取され、抑圧されている人たちだということです。今、わたしはオリエンス宗教研究所から刊行される月刊『福音宣教』という雑誌の編集長を務めています。この雑誌には、社会で搾取され抑圧されている人々のために、彼らと共に活動する人や、そのような状況を研究している学者などが多く寄稿しています。また、そのような状況に鑑みつつ、それとキリスト教、あるいは聖書を結び付けようとする多くの宗教者が寄稿しています。編集長という立場を通して、これらの著者とその原稿から、自分の聖書研究と現実とのつながりを学ぶ機会を多く得ています。

最後に、本書を世に送り出してくださったオリエンス宗教研究所、特にコンスタンチノ・コンニ・カランバ所長に感謝申し上げます。また、同研究所の編集者である岡田恵子氏は、熱心にわたしの原稿に取り組み、さまざまな提案をしてくださり、本文中の図版を作成してくださいました。

二度目の緊急事態宣言が発令される地域が増える中、コロナ禍で苦しむすべての人の救いを祈りつつ。

二〇二一年一月一八日

小林　剛

マ　行

ヤ　行

ラ　行

索　引

サ　行

タ　行

ナ　行

ハ　行

索　引

著者紹介

小林《こばやし》 剛《ごう》

1967年生まれ。京都大学大学院文学研究科博士課程修了。博士（文学）。専門は中世哲学。現在、首都圏の諸大学でキリスト教、哲学関連の講義を担当。月刊『福音宣教』（オリエンス宗教研究所）編集長。著書に『アルベルトゥス・マグヌスの人間知性論——知性単一説をめぐって——』（知泉書館、2016年）他。

旧約聖書に見るあがないの物語

●

2021年３月20日　初 版 発 行
2023年５月15日　第３刷発行

著　者　小林　剛
発行者　オリエンス宗教研究所
代　表　Ｃ・コンニ
〒156-0043　東京都世田谷区松原2-28-5
☎ 03-3322-7601　Fax 03-3325-5322
https://www.oriens.or.jp/
印刷者　有限会社 東光印刷

ISBN978-4-87232-114-2 Printed in Japan

オリエンスの刊行物